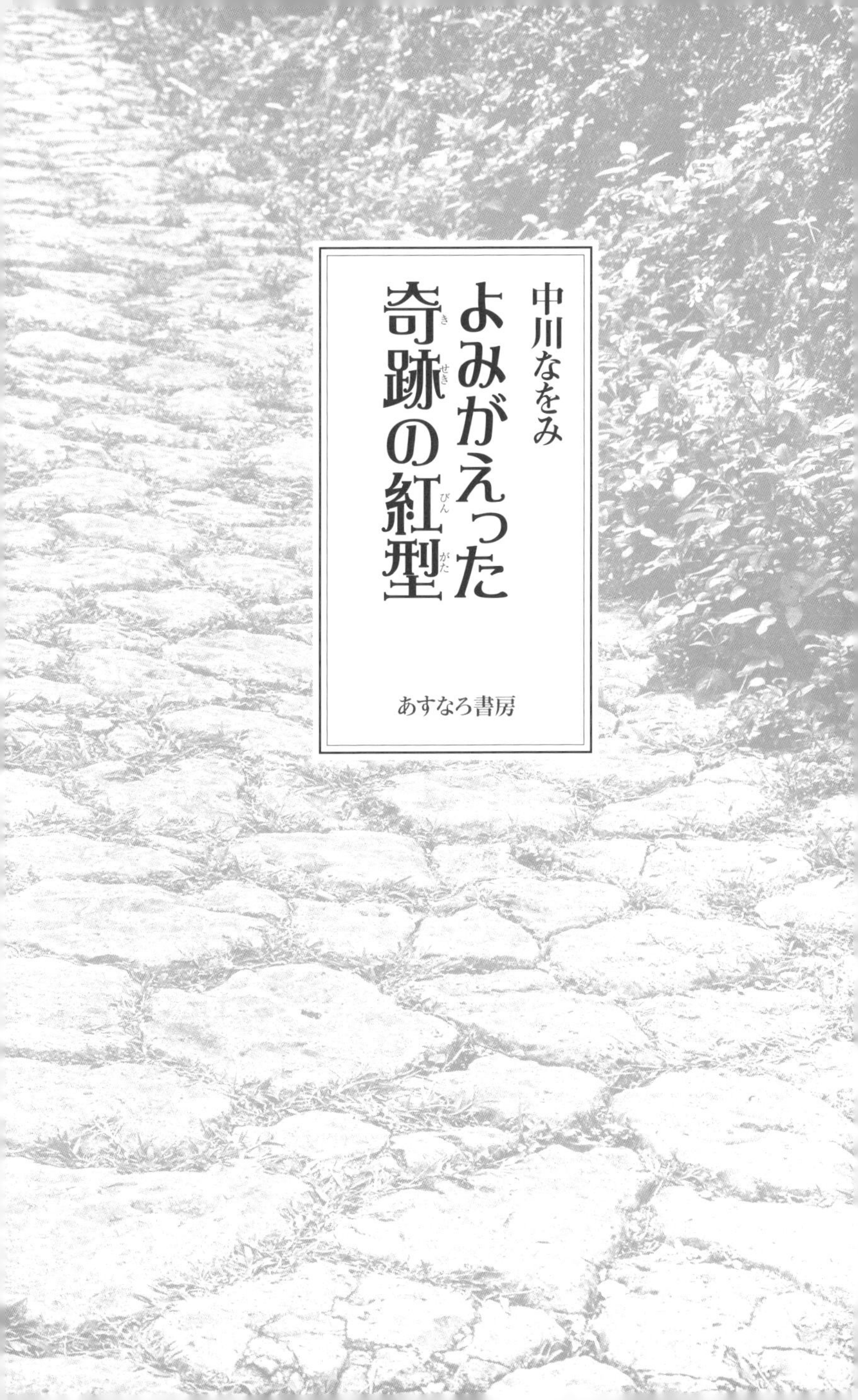

よみがえった奇《き》跡《せき》の紅《びん》型《がた》

中川なをみ

あすなろ書房

よみがえった奇跡《きせき》の紅型《びんがた》

一章　琉球王国《りゅうきゅうおうこく》で生まれた紅型《びんがた》　4

二章　沖縄《おきなわ》の歴史　18
薩摩《さつま》の琉球侵攻《しんこう》以前　20
琉球王国の解体まで　27
第二次世界大戦まで　34
第二次世界大戦から現在　37

三章　研究者を魅了《みりょう》した紅型【鎌倉芳太郎《かまくらよしたろう》】　44
はじめての沖縄　46
幸運な出会い　64
再び沖縄へ　70
復興の手がかり　81

インドの絞《しぼ》り染め

インドネシアの更紗《さらさ》

四章　よみがえる紅型《びんがた》【城間栄喜《しろまええいき》】　98
紅型宗家《そうけ》に生まれて　100
戦争へ　114
復興への道　126

五章　発展する紅型【芹沢銈介《せりざわけいすけ》】　144
画家を夢見て　146
柳宗悦《やなぎむねよし》との出会い　157
沖縄《おきなわ》旅行とその後　174

あとがき　193
解説　197

琉球紅型（那覇市歴史博物館蔵）
（P.55 掲載の紅型の部分拡大）

中国の印花布《いんかふ》

（那覇市歴史博物館蔵）

一章　琉球《りゅうきゅう》王国で生まれた紅型《びんがた》

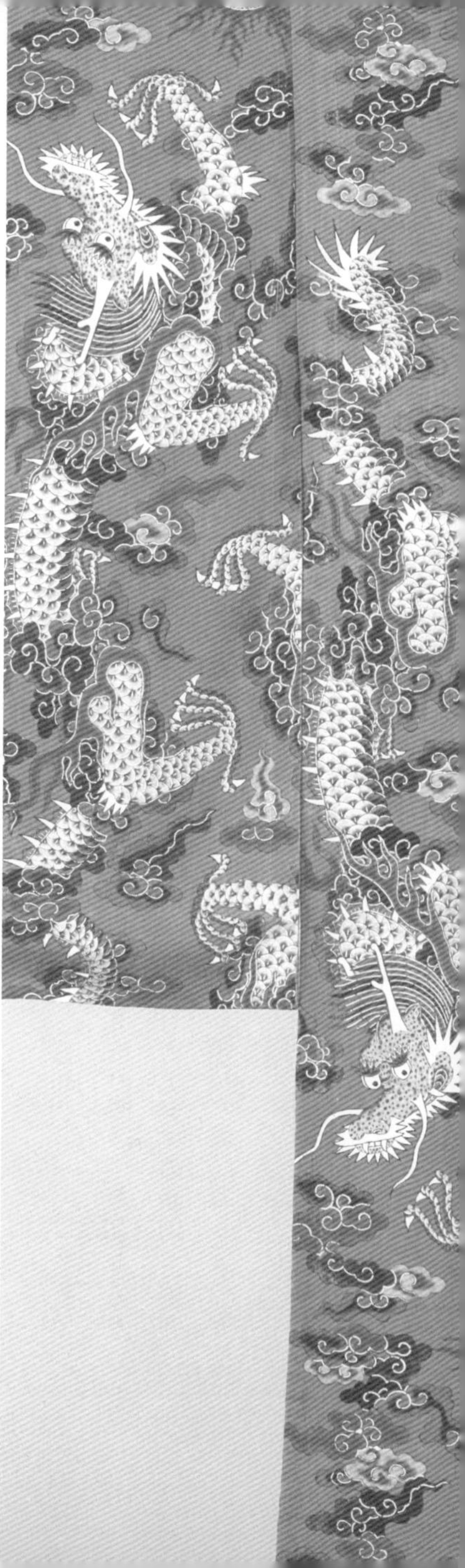

琉球王朝時代、中国や東南アジア諸国との交易によって培《つちか》われ、王族の庇護《ひご》のもとに完成した独特の美しい染め物。

紅型《びんがた》は、沖縄《おきなわ》に伝わる伝統的染め物です。

紅型の「紅」は、さまざまな色を意味し、「型」は模様のことだとされています。

沖縄は、日本の沖縄県になる以前は、琉球《りゅうきゅう》諸島を中心にしてできた琉球王国という独立した王国でした。

琉球王国は、一四二九年に尚巴志《しょうはし》が琉球全土を統一して誕生した王国で、一八七一年の廃藩置県《はいはんちけん》の施行《しこう》後の一八七九年に沖縄県がおかれるまで、四百五十年の間つづきました。

十五世紀から十六世紀のはじめにかけて、琉球王国は中国をはじめアジアの諸国と活発に交易していましたが、その時代に、中国や東アジアの染め物も交易の商品としてあつかっていました。

当時の琉球王国では、植物繊維《せんい》による織物は生産されていましたが、染め物はまだありませんでしたから、交易で目にした海外の染め物は貴重な商品になりました。

黄色地鳳凰蝙蝠宝尽青海立波文様紅型綾袷衣裳（那覇市歴史博物館蔵）

紅型《びんがた》は、主に王族や士族の衣装として用いられてきた。黄色地に鳳凰《ほうおう》の模様のあるこの衣装は王家のみに使用されたもの。

中国には印花布《いんかふ》とよばれる布があり、花模様を染めたり刺繍《ししゅう》をした布の美しさは、琉球《りゅうきゅう》の商人たちを夢中にさせました。また、インドの絞《しぼ》り染めや東南アジアの更紗《さらさ》（ろうけつ染めで、多彩《たさい》な模様を手描《てが》きあるいは木版や銅板を用いて染めた綿布）も、商人たちの心をひきつけたのでした。

美しい染め物にふれた琉球人は、多様な染め物の影響《えいきょう》を受けながら、琉球王国で試作するようになりました。特に、型紙を使う型染めという技法は、中国から学びました。このようにして、琉球王国での染め物がはじまりました。

琉球王国で作られはじめた染め物は、試行錯誤《さくご》を繰《く》り返しながら、琉球独自の美しい染め物へと発展していきます。やがて、主に王族や士族の衣装として染められるようになり、安定した生産のもとで、紅型《びんがた》が完成していきました。

紅型は、同じように型紙を使用するほかの型染め、たとえば日本の型友禅《かたゆうぜん》が、色の数だけ型紙を必要とするのに対して、基本的に用いる型紙はたった一枚です。そのため、型紙の傷《いた》みがはげしく、型紙は糸かけ（戦後は紗張《しゃば》りといって網目状《あみめじょう》の薄絹《うすぎぬ》を張る）をして補強します。

白い生地《きじ》に模様を彫《ほ》りぬいた型紙をおき、糊置《のりお》きといって、色染めをしないところには

紅型（型染め）の工程

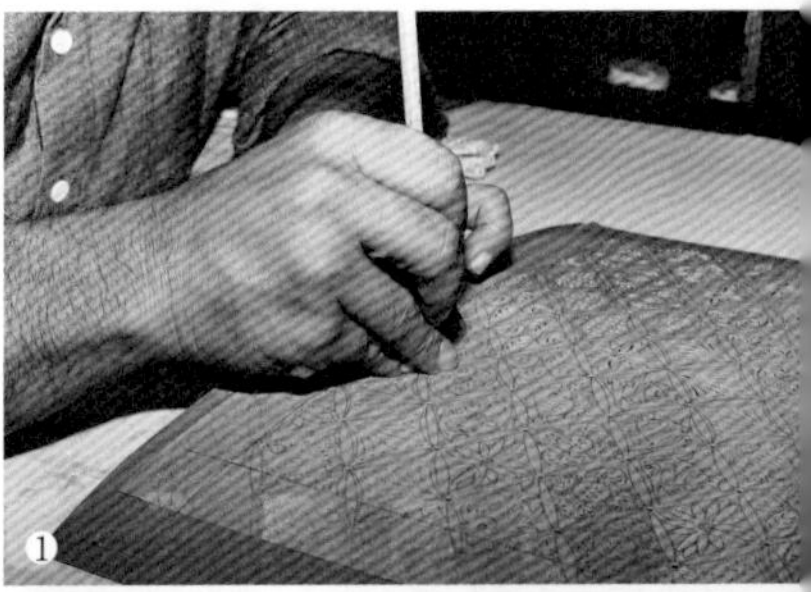

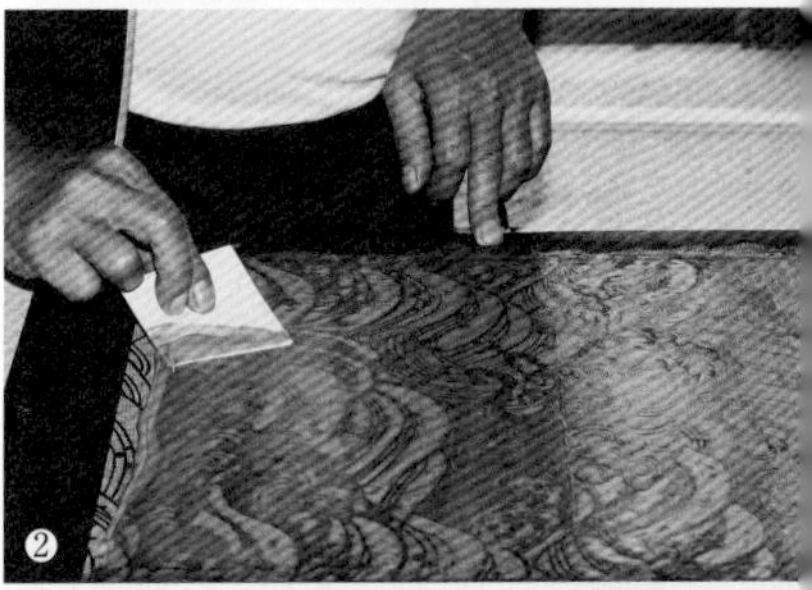

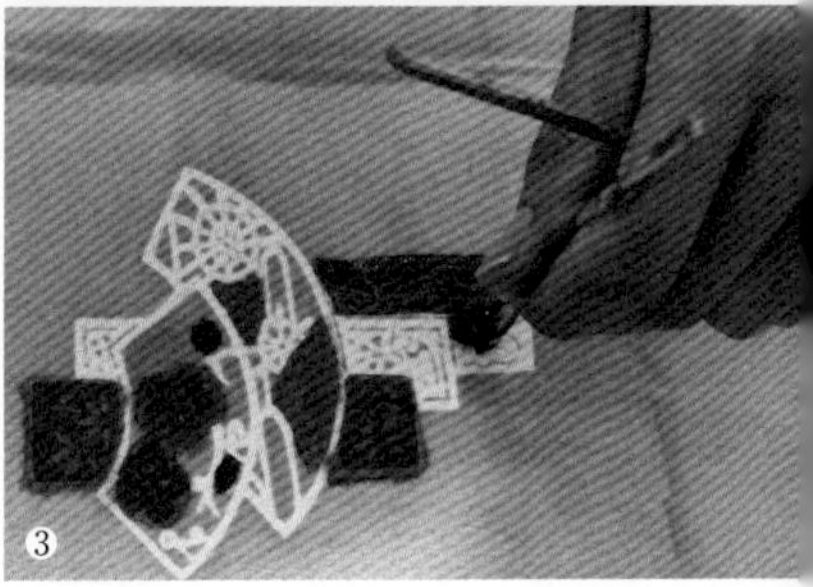

① 型彫《かたほ》り。下絵を渋紙《しぶがみ》にはり、小刀で模様の部分を彫って型紙を製作する。

② 型置き。生地《きじ》に型紙をおき、へらで糊《のり》をぬる。模様が彫りぬかれた部分に糊が伏《ふ》せられる。

③ 色差し。糊の付着しなかった部分に色をつけていく。

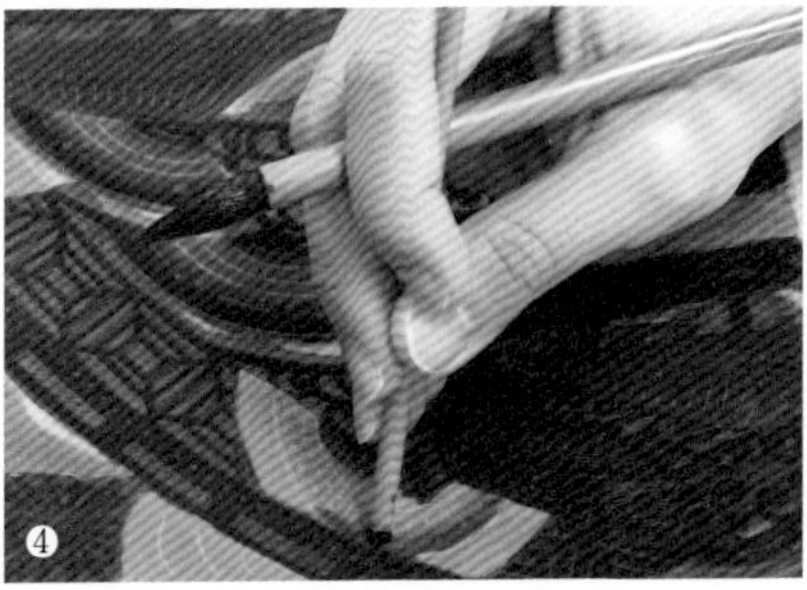

④ 隈取《くまど》り。色差し筆で色をのせ隈取り筆で刷りこみ、ぼかしを入れる。模様に立体感を生み出す紅型の特徴《とくちょう》のひとつ。

⑤ 糊伏せ。地染めのとき、模様に地色がつかないように糊を伏せる。

⑥ 地染め。刷毛《はけ》を使って生地全体に色をほどこす。地染めの後、糊を落として完成させる。

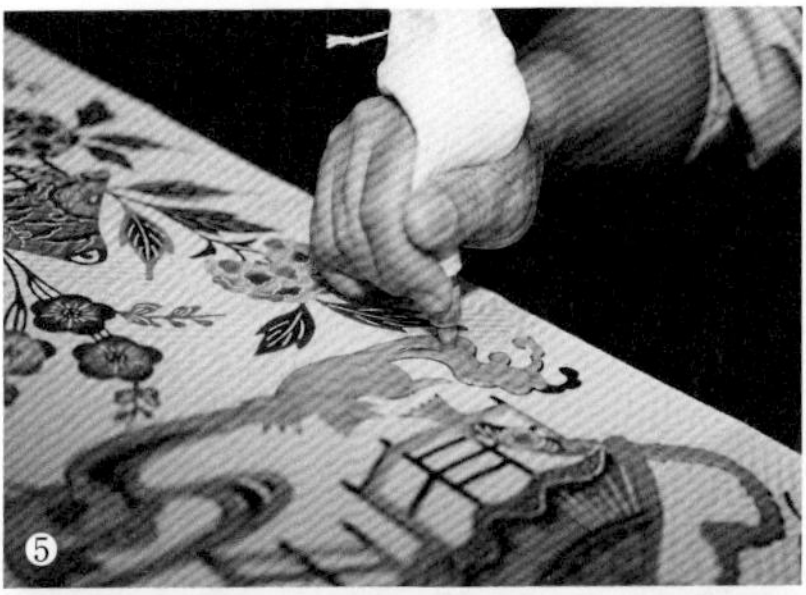

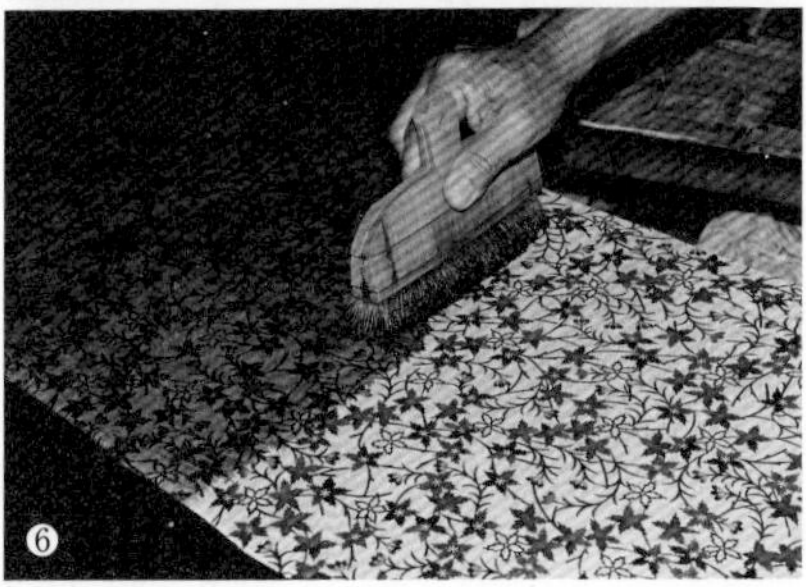

王家の紅型

白地流水菖蒲蝶燕文様紅型苧麻衣裳

紅色地龍宝珠瑞雲文様
紅型平絹袷衣裳

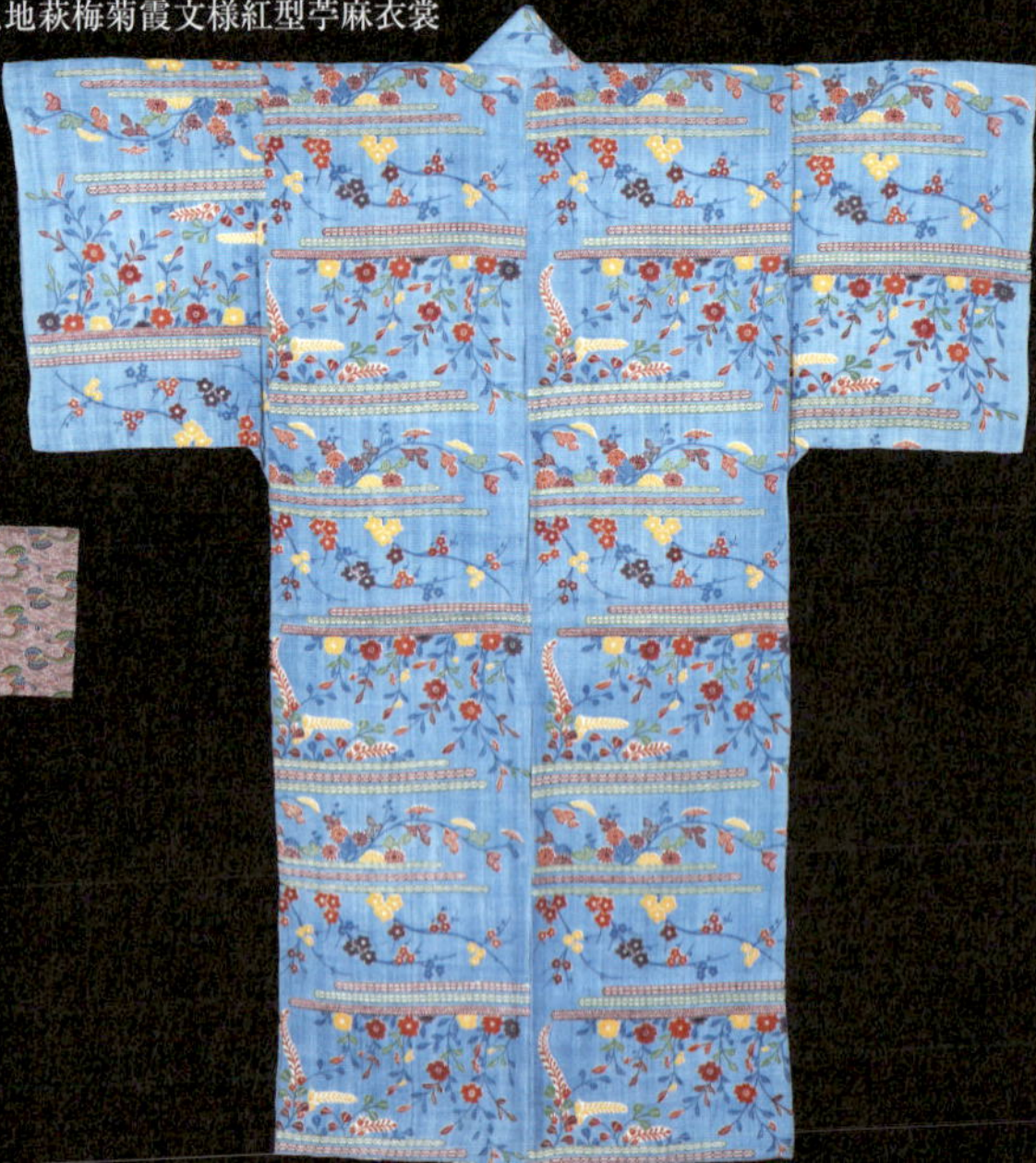

空色地萩梅菊霞文様紅型苧麻衣裳

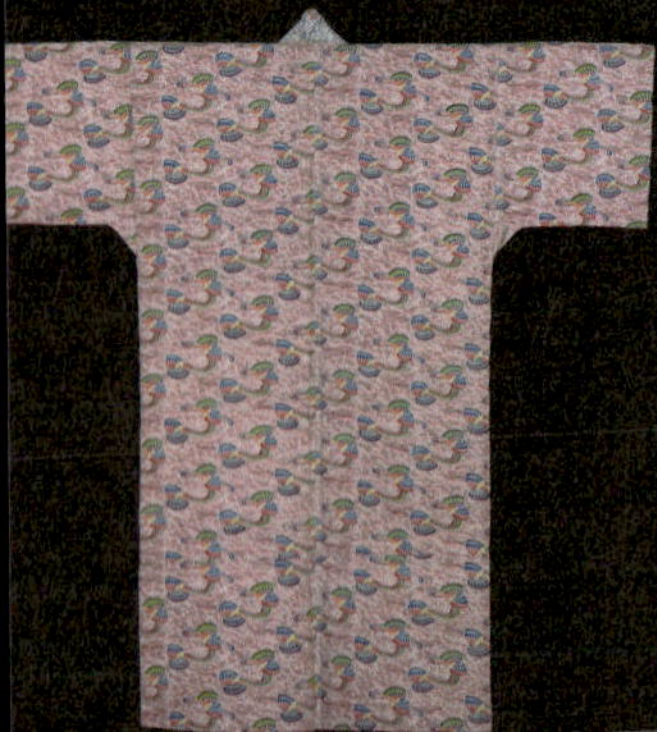

桃色地波貝藻流水文様
紅型木綿袷衣裳

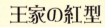

福地家の紅型
(上層士族)

紺地家紋菖蒲文紅型風呂敷

水色地波濤鶴桜文様苧麻紅型衣裳

黄地雪輪七宝桜梅文様絹紅型衣裳

色が多彩《たさい》で鮮《あざ》やかな紅型には、中国的な龍《りゅう》や鳳凰《ほうおう》(王家の象徴《しょうちょう》)や、日本的な桜、菊《きく》、梅、菖蒲《しょうぶ》、流水などの図案が取り入れられている。

(那覇市歴史博物館蔵)

糊《のり》を伏《ふ》せてから、色を差していきます。糊の主な材料は、もち粉《こ》と糠《ぬか》です。

二度の色差し（二度塗《ぬ》りともいう）の後は隅取《くまど》りをします。二度塗りには顔料が使われますが、顔料は主に絵画に使われるもので水や油にとけず、不透明《ふとうめい》です。この顔料を染め物に使うのは、紅型《びんがた》の大きな特徴《とくちょう》で、顔料で染めると、沖縄《おきなわ》の強い日射しを受けても変色しにくいのです。そして、染めの工程の終わり近くで隅取りをします。隈取りも、紅型の大きな特徴といえる技法です。模様の中心から色をぼかして図案全体を引き締《し》め、模様に立体感を生み出します。二度塗りのときよりも若干濃《こ》いめの色をつけて、それを手作りの筆で擦《こす》りながらぼかしていくのです。

その後、布は顔料を定着させるために蒸気を当てた後、ゆっくりと水で糊を落としていきます。模様が残った布には、さらに地の色がほどこされます。地染めといって、色差しのように、染めたくないところに糊を伏《ふ》せて派手めな色で染めるのですが、ここでは顔料のほかに植物染料も使い、やわらかい色合いを出します。そして、布は再び蒸されてから糊が洗い落とされて、ようやく紅型が完成します。

琉球《りゅうきゅう》王国時代、紅型の着物は特別な階級の人々が着るものでした。

紅型は、主に王族や士族の婦人たちの礼装として用いられました。模様や色使いにも身分が反映され、王族の着物は色が多彩《たさい》で模様も大柄《おおがら》でした。白、黄色、青、赤などの単色を背景にして、鳳凰《ほうおう》、龍《りゅう》、花鳥、流水などの模様を大胆《だいたん》に染めた紅型《びんがた》は、鮮《あざ》やかな色彩《しきさい》と大きくて力強い模様が際立《きわだ》つ染め物です。

王族のほかに士族も紅型の着物を用いましたが、王族にくらべると、比較的《ひかくてき》地味な色で模様も小さいものが多かったようです。

紅型は琉球《りゅうきゅう》の気候や風土に合った染め物として完成しました。模様については、描《えが》かれる鳳凰や龍は中国の影響《えいきょう》であり、梅、桜、菖蒲《しょうぶ》、燕《つばめ》、蝶《ちょう》などは、日本の友禅《ゆうぜん》染《ぞ》めから取り入れたものと思われます。

紅型には、先に述べた型染めのほかに、筒描《つつが》きという技法もあります。型紙を使わずに、直接布に描いていくのが特徴《とくちょう》です。筒袋《つつぶくろ》に糊《のり》を入れて先端《せんたん》の筒金《つつがね》から少しずつ押《お》し出して、色染めしないところに糊をおいていきます。のびやかな曲線も自在に描け、大きなふろしきなどの染めに使われました。

鮮やかな色使いが特徴でもある紅型ですが、藍色《あいいろ》だけで染めたものもあります。藍型《エーガタ》といって、一般《いっぱん》の人々の着物にも用いられました。

また、紅型の大胆なデザインは、古い時代に作られたものでも、今見ても変わることな

①②はカバー裏袖《うらそで》に掲載の紅型の部分拡大。
③は P.11 掲載の紅型の部分拡大。
④⑤⑦⑨はP.10 掲載の紅型の部分拡大。
⑥⑩は P.7 掲載の紅型の部分拡大。
⑧は「紺地左三ツ巴紋散文様藍型苧麻衣裳」の部分拡大。

①

②

⑤

⑥

紅型の多様な模様

紅型の模様には、日本や中国の要素が多く見られる。

左上から、①松・桜・紅葉《もみじ》・亀《かめ》、②菖蒲《しょうぶ》、③波濤《はとう》・桜、④燕《つばめ》・蝶《ちょう》、⑤桜・扇子《せんす》、⑥鳳凰《ほうおう》、⑦龍《りゅう》、⑧巴《ともえ》、⑨萩《はぎ》・梅・菊《きく》・霞《かすみ》、⑩青海立波《せいがいたつなみ》

(那覇市歴史博物館蔵)

⑨

く新鮮《しんせん》な感動をあたえます。それに、紅型《びんがた》は、顔料を使って着色したり、隈取《くまど》りで模様に立体感を出すなど、世界でも特殊《とくしゅ》な染色技法をもつ特別な染め物ともいえるのです。

そんな紅型が、沖縄《おきなわ》の伝統的染め物として完成するまでには、長い時間とさまざまな事《こと》柄《がら》が影響《えいきょう》しています。

紅型はどのような時代を背景にして生まれたのでしょう。また、どのようにして発展しつづけ、世界に誇《ほこ》る染め物として完成していったのでしょう。

沖縄の歴史をたどりながら、紅型が歩んできた道のりを振《ふ》り返ってみたいと思います。

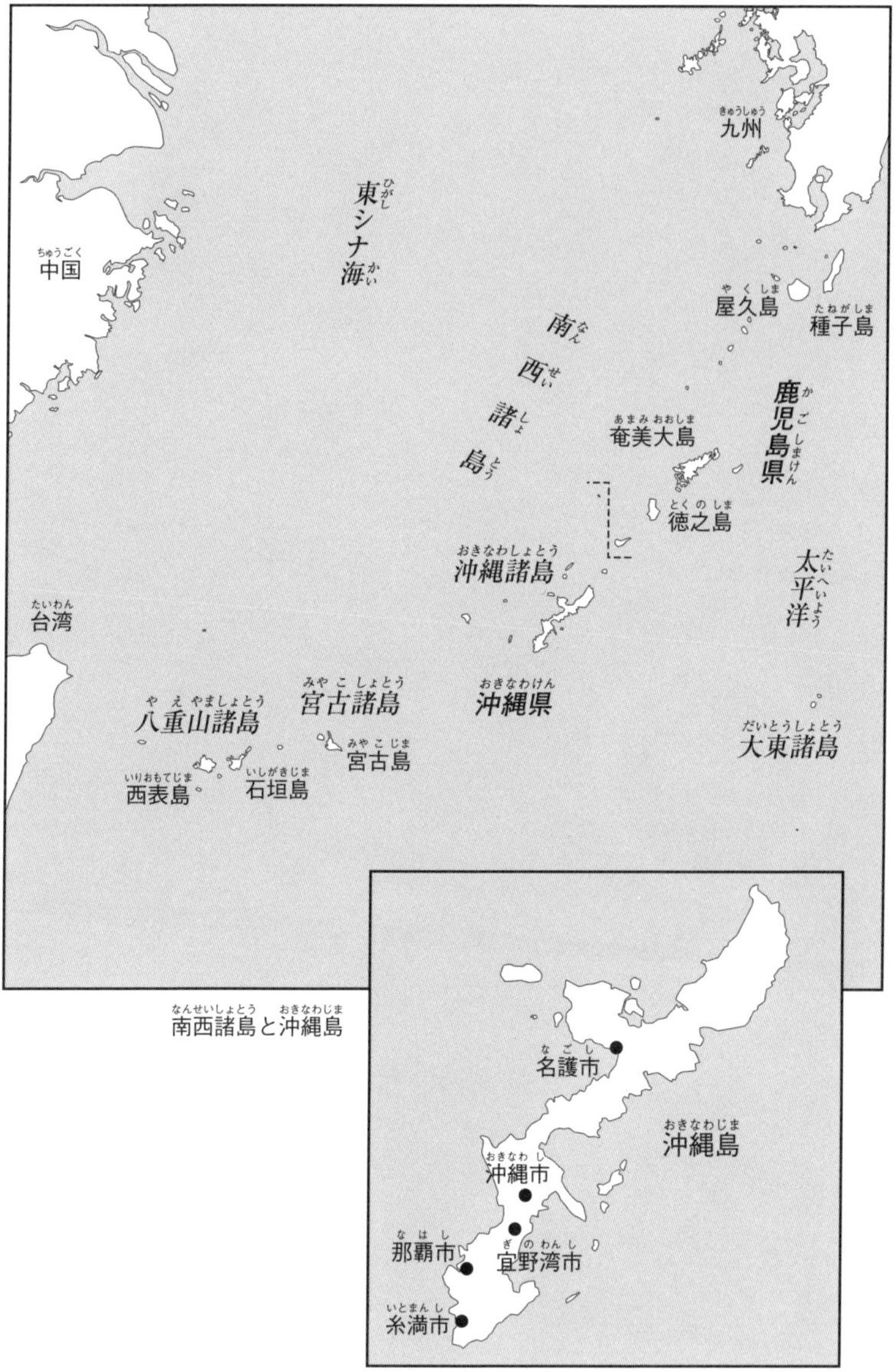

南西諸島《なんせいしょとう》と沖縄島《おきなわじま》

（那覇市歴史博物館蔵）

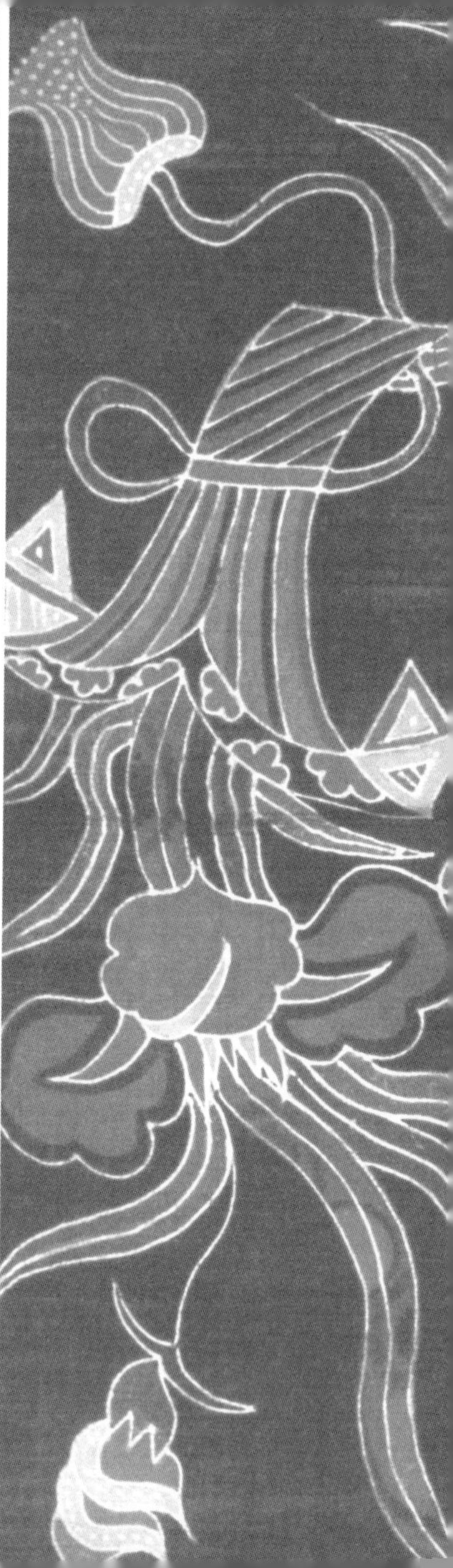

二章　沖縄《おきなわ》の歴史

江戸《えど》時代に薩摩藩《さつまはん》の支配下、明治時代の王国解体、太平洋戦争の沖縄戦。
過酷《かこく》すぎる歴史を生きつづけた紅型。

薩摩《さつま》の琉球侵攻《りゅうきゅうしんこう》以前

十二世紀ごろ、沖縄《おきなわ》は、狩猟《しゅりょう》採集が中心だった長い「貝塚《かいづか》時代」が終わり、ようやく農耕社会が形成されるようになりました。それにともない、各地には按司《あじ》（古琉球《こりゅうきゅう》の最高位の階級）とよばれる指導者が誕生して、内部に聖地をもつ砦《とりで》としてのグスクを築き、たがいが勢力を競《きそ》いあいました。この時代を「グスク時代」とよびます。

曲線を描《えが》くように積み上げられた美しい石垣《いしがき》のグスクは、本来、敵を防ぐための構造物としてだけでなく、信仰《しんこう》の聖地として造られたものもあります。沖縄一帯に二百ほどのグスクが存在しましたが、切石を使った構築の技術は、世界的に見てもすぐれたものでした。日本本土の城に、この切石が使われるのはグスク時代から二百年も後のことです。

十四世紀の中ごろ（日本では室町時代）、琉球には北山《ほくざん》、中山《ちゅうざん》、南山《なんざん》の三つの小国家があって、それぞれ強力な勢力を保っていました。「三山《さんざん》時代」といわれています。

この時代、中国では明《みん》王朝が成立しています。

北山王《ほくざんおう》の居城であった今帰仁城跡《なきじんじょうあと》の城壁《じょうへき》。

三山《さんざん》時代の勢力図

中国には、古代からアジア周辺の国々との特殊《とくしゅ》な関係を結ぶ制度がありました。冊封《さくほう》制度といって、中国の皇帝《こうてい》に忠誠を誓《ちか》って貢《みつ》ぎ物《もの》をするかわりに、臣下となった国とその君主を認めて、中国が守護するというものです。

明《みん》代にこの制度が強化されていきます。明は、冊封体制下に入った国に対してのみ、交易を許しました。制度下の諸国は、明や同じ冊封国との交易で、ばくだいな利益を上げることができました。貢ぎ物をするときに必要な船舶《せんぱく》、乗組員や通事（通訳）など、旅にかかる費用はすべて明が負担しました。

日本も、三世紀のはじめに邪馬台国《やまたいこく》の女王卑弥呼《ひみこ》が中国の魏《ぎ》から金印をもらって、女王であることを承認してもらっています。これは、冊封体制下になったことを意味しますが、後に、日本は巧妙《こうみょう》に立ち回って、冊封関係にならないまま、交易ができる方法を模索《もさく》し、それを保持しました。

明の初期（一三六八年～一四〇五年）、東アジアの国々がどれくらいの回数の貢ぎ物をしているかを記録した史料に『明実録』があります。これは、皇帝の個人的言行にとどまらず、その治世における重要な政治、社会、経済の諸事象がすべて年代順に記録されているのですが、それによると、一位は朝鮮《ちょうせん》（高麗《こうらい》）で九十五回。二位は琉球《りゅうきゅう》で七十回とあります。琉球《りゅうきゅう》王国が明《みん》にとって大事な国であったことを示しています。

一四二九年に按司《あじ》の尚巴志《しょうはし》が三山《さんざん》を統一して琉球王国が成立します。今まで中山《ちゅうざん》の城として使っていた首里城《しゅりじょう》を、王家の居城として用いるようになります。小高い丘《おか》の上に建てられた首里城は、首里の家並みも港も一望できる好条件のところにありました。

明の皇帝《こうてい》は琉球王国が成立する以前から冊封《さくほう》をすすめて、中国の南東部にある福建《ふっけん》地域に住む人々を久米《くめ》村（現在の那覇《なは》市久米付近）に移住させ、外交文書の作成、通訳、船員、外交使節などの仕事にあたらせました。また、琉球でも有能な人材を集めて中国の最高学府である国子監《こくしかん》に留学させましたが、経費はすべて中国が負担しました。

国費留学生のほかに私費留学生もいて、合わせると王国成立前の一三九二年から王国成立後の一八六九年までに千二百人にもなり、彼《かれ》らは琉球王国の政治、経済、文化の面に大きく貢献《こうけん》しました。王国になってからも明との関係は冊封制度下にあり、両国の関係はいっそう密になっていきました。

琉球王国は、海をはさんで中国や東南アジア諸国と向きあえるなど地理的に有利なこともあって、東南アジアの中継《なかつぎ》貿易の中心になっていきました。王国にはアジア諸国の物産が集まり、それらを各地に再販売《さいはんばい》しては多大な利益を上げました。

日本からは扇《おうぎ》や刀、中国からは磁器や絹織物、東南アジア諸国からは胡椒《こしょう》、錫《すず》、更紗《さらさ》などが集められました。

中国の絹織物や東南アジアの更紗は、琉球《りゅうきゅう》王国にとっては交易になくてはならないものになっていきました。人々の目にふれる機会が多かったでしょうし、直接身につけていた人もたくさんいたことでしょう。

一四六三年に朝鮮《ちょうせん》に派遣《はけん》された琉球の使節団についての記録が、『李朝実録《りちょうじつろく》』に残っています。「琉球の男は彩《いろど》りの美しい模様の衣《ころも》を着る」とあります。紅型《びんがた》はもう生産されていたと想像したくなります。

紅型、または紅型を制作することを表す「型附《カタチキ》」という文字がはじめて登場するのは、一六三九年の『尚氏家譜《しょうしかふ》』（琉球士族の家系について記述したもの）です。一七五六年の『琉球国志略』には、「白絹に模様を染める者がいる。また五色を用いて生地《きじ》を染める者もいて、みな自ら着用している。そして、贈《おく》り物《もの》や商売にはおおむね染色しない地色のままの生地を用いる」と記されていて、こちらも紅型に結びつけたくなります。

人も物も盛んに交流のあった時代です。琉球の人たちは、中国人の身の回りにある藍染《あいぞ》めの美しい布、印花布《いんかふ》を、自分たちも手にしたいと思ったことでしょう。染める布は琉球《りゅうきゅう》

「琉球交易港図屏風《りゅうきゅうこうえきこうずびょうぶ》」19世紀ごろの那覇《なは》の港や首里《しゅり》(右上)の様子などが描《えが》かれている。
(浦添市美術館蔵)

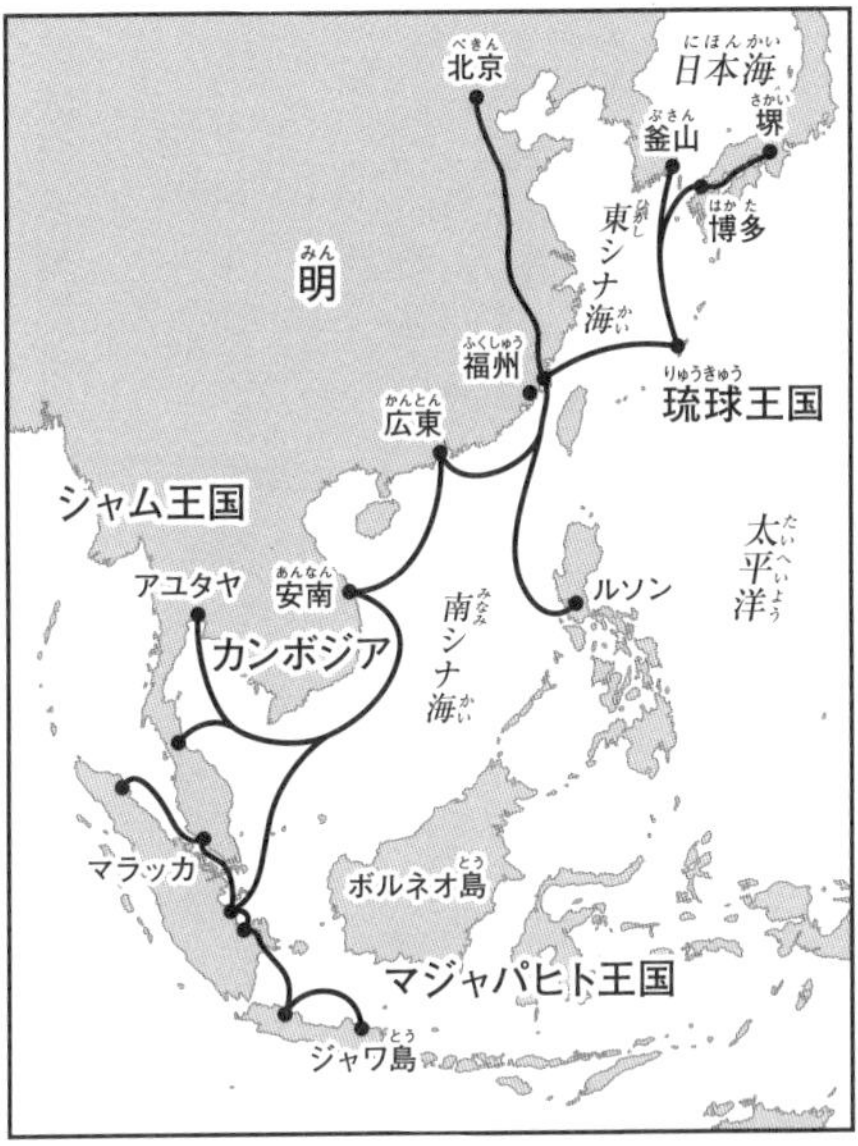

15世紀《せいき》ごろの琉球《りゅうきゅう》王国の貿易図

にもあります。染料の藍《あい》も育てられます。問題は染める方法でした。

型紙で模様を作り、糊《のり》を利用して色染めしたいところだけを染める型染めの技法は中国から学び、東南アジアの更紗《さらさ》からは、樹木を図案化する方法や模様をつなげて染める方法のヒントを得ました。また、インドの染めには、多彩《たさい》な色使いによる美しい染め物に刺激《しげき》されました。

後の時代に、完成度の高い紅型《びんがた》が量産されるようになりますが、その環境《かんきょう》はすでに出来上がっていたのです。

東南アジアとの交易で潤《うるお》った琉球王国でしたが、十六世紀に入ると、ポルトガルが東南アジアに進出してきて、交易の拠点《きょてん》はポルトガルに奪《うば》われてしまいました。

琉球王国の外交文書『歴代宝案』によると、東南アジアとの交易記録は、一五七〇年が最後になっています。その後、琉球王国の交易相手国は、中国と日本にしぼられていきました。

琉球《りゅうきゅう》王国の解体まで

一五九二年、豊臣秀吉《とよとみひでよし》は朝鮮《ちょうせん》に出兵し、侵攻《しんこう》をはかりました。日本の統一を成しとげた秀吉は、大国の明《みん》国をも視野に入れはじめ、足がかりとして朝鮮を支配しようとしたのです。秀吉の関心は、明国と冊封《さくほう》関係にある琉球にも注がれました。琉球は独立国家だったにもかかわらず、秀吉は薩摩《さつま》の島津氏《しまづし》に琉球をあたえる約束をします。同時に琉球から、朝鮮に出兵している兵の兵糧《ひょうろう》七千人のひと月分を提出させるようにいいわたしました。琉球は困惑《こんわく》しながらも、要求された費用の半額を出すことに決めました。

朝鮮出兵は、一五九八年に秀吉の死で終わりましたが、島津氏は琉球を支配したいと思っていました。明をはじめアジア諸国と交易して利益を上げている琉球は、島津氏にとっても魅力的《みりょくてき》だったのです。

徳川家康《とくがわいえやす》が天下を治めると、家康もまた琉球に特別な関心をいだきます。なんとか関係を築きたいと機会をうかがっているときに、琉球の船が東北の伊達領《だてりょう》に漂着《ひょうちゃく》し、家康は彼《かれ》らを丁重にもてなしたうえで帰しました。琉球に恩を売って関係を築こうとしたのですが、琉球からは音信がありませんでした。

家康《いえやす》の動きに気づいた島津氏《しまづし》は、秀吉《ひでよし》からあたえられた琉球《りゅうきゅう》を失わないために、行動を起こします。

徳川《とくがわ》家康が征夷大将軍《せいいたいしょうぐん》になったのは一六〇三年ですが、その三年後に、伏見城《ふしみじょう》で島津忠恒《ただつね》（後の家久《いえひさ》で初代薩摩藩主《さつまはんしゅ》）は家康に会っています。琉球への侵攻《しんこう》を許可してもらうためでした。このとき、家康は琉球を手に入れたいと思いつつも具体的な施策《しさく》をもっていず、島津氏の強い要望を受け入れるしかありませんでした。琉球侵攻は島津氏の独断ではなく、日本の最高権力者に認められた行為《こうい》であると示したことになります。このとき、家康は琉球に出兵することを望まず、友好的に交流したいと考えていましたが、島津側の勢いに押《お》される結果となりました。

一六〇九年三月、琉球は島津軍に侵攻されました。前ぶれもなく、いきなり百艘《そう》近くの軍船が琉球の島々《しまじま》に近づき、三千人もの兵がおそってきたのです。

琉球王国は交易でじゅうぶん潤《うるお》っていました。それゆえに武具をそろえるより交易に関心があり、さらに三山《さんざん》が統一されてからは内戦もなく、戦《いくさ》を経験することもなくなっていました。

一方、島津軍は、戦国時代を生き残り、外様《とざま》大名ながら幕府も一目おく雄藩《ゆうはん》薩摩藩（鹿《か》児島藩《ごしまはん》）になっていくのですから、戦力はじゅうぶんです。長い間戦《いくさ》から遠のいていた琉《りゅう》球《きゅう》王国は、ひとたまりもありませんでした。

島津軍《しまづぐん》は、奄美大島《あまみおおしま》や徳之島《とくのしま》を制覇《せいは》した後、四月一日に琉球本島に攻《せ》め入りました。島の北方にある大きなグスクの今帰仁城《なきじんじょう》は堅牢《けんろう》な要塞《ようさい》で、敵の侵入《しんにゅう》を防ぐための工夫が凝《こ》らされていたにもかかわらず、早々《そうそう》に陥落《かんらく》してしまいました。海辺に築かれた石積みのグスクは、戦に強い兵がそろっていたなら三千人の島津軍でも防げたはずだといわれます。

琉球国王は使者を送って和睦《わぼく》を求めましたが聞き入れられず、応戦するしかありませんでした。琉球の兵が、薩摩《さつま》の兵と互角《ごかく》に戦えるはずがありません。

四月三日、首里城《しゅりじょう》が陥落して琉球王国は降伏《こうふく》しました。国王は日本に連れていかれ、以後は、将軍や国王が代わるたびに江戸《えど》上りをすることを義務づけさせられました。参勤交代のようなものです。

琉球王国が降伏すると、島津氏は家康《いえやす》から正式に琉球王国の支配権をあたえられ、奄美諸島を直轄地《ちょっかつち》にしました。そして、沖縄《おきなわ》本島以南は琉球王に管理させて、琉球王国は以降、薩摩藩のきびしい支配と監視《かんし》を受けることになりました。

庶民《しょみん》は国王と薩摩藩の二重の搾取《さくしゅ》のもとで苦しい生活を強《し》いられます。

「江戸《えど》上り」琉球《りゅうきゅう》王は将軍や国王が代わるたびに江戸に使節を送った。
（国立公文書館蔵）

琉球王国《りゅうきゅう》は薩摩藩《さつまはん》の支配下にあっても、明《みん》との交易をつづけました。交易の利権をにぎるようになった薩摩藩が、明に隠《かく》すよう要請《ようせい》したからです。

薩摩藩の支配下になってから半世紀あまりもの間、国内は混乱状態で、人々は希望のない暮らしに気力をなくしていきました。

一六四四年、中国では明が滅《ほろ》んで清《しん》の時代となりました。

そんな折、琉球王国に活気を取りもどしたいとねがう者が現れました。羽地朝秀《はねじちょうしゅう》（向象賢《しょうじょうけん》）です。彼《かれ》が君主に代わって政務を行う摂政《せっしょう》につくと、王国再建のために矢継《やつ》ぎ早に改革が行われていきました。羽地の政策は蔡温《さいおん》に受け継《つ》がれます。

ふたりはきわめて優秀《ゆうしゅう》な政治家で、薩摩藩の支配下にある琉球王国の現実を見すえ、薩摩藩との協調路線を基盤《きばん》にしました。

王家から庶民《しょみん》にいたるまで贅沢《ぜいたく》を禁じて倹約《けんやく》させ、治水灌漑《かんがい》によって河川を改修して農業生産を向上させました。また、役人の不正を徹底《てってい》して取り締《し》まり、上層階級には琉球舞《ぶ》踊《よう》や短歌などの諸芸を学ばせました。薩摩藩との交渉《こうしょう》には、こうした教養が必要だと感じたからです。

王家の居城である首里城《しゅりじょう》は、一六六〇年に三度目の失火で全焼してしまいました。財政が逼迫《ひっぱく》しており、琉球《りゅうきゅう》には建築に使えるような木材が不足していたので、再建のめどが立たなかったのですが、十五年後にやっと新しい首里城《しゅりじょう》が完成しました。薩摩藩《さつまはん》から二万本近い原木が送られました。太平洋戦争で焼失し、一九九二年に再建された首里城は、このときの城を再現していました。

羽地《はねじ》らの改革が根づいた琉球王国は、かつてないほどに繁栄《はんえい》していきます。人口も増大していて、一六〇九年に十万ほどだったのに、百年後には十八万になっています。明《みん》や清《しん》などから生産にともなう技術や制度が導入されたこともあって、社会的にも経済的にも大きく発展したからでした。薩摩藩の支配下にあったにもかかわらず、自立的な国家運営が行われていたのです。

日本や中国との交流はますます盛んになり、それぞれの文化を積極的に吸収して、従来の琉球文化に融合《ゆうごう》していきました。その結果、独自性の強い豊かな琉球文化が誕生し、今に伝えられる伝統文化の多くが、この時代に培《つちか》われました。文学では琉球最古の歌謡集《かようしゅう》『おもろさうし』が少し前に編纂《へんさん》され、琉球舞踊《ぶよう》では組踊《くみおど》りなどの新しい芸能が盛んになりました。また、工芸の分野では紅型《びんがた》や琉球漆器《しっき》などが著しい発展をとげました。

紅型は琉球王族などの確かな需要《じゅよう》のもとで、染めの職人たちが技法を確立させていきました。日々の暮らしの心配はいらず、特殊《とくしゅ》な染料や顔料も王府から入手でき、自由に使えました。染め物に必要なきれいな水は、首里城内《しゅりじょうない》にある龍潭池《りゅうたんいけ》の水を使うことが許され、職人たちは恵《めぐ》まれた環境《かんきょう》で紅型《びんがた》の技術向上につとめました。王国と交易のあった中国、東南アジア、日本などの染色技法や図案なども取り入れながら、発展していきました。

琉球《りゅうきゅう》王国は身分制度のきびしい国で、身に着ける衣服も身分によって定められました。紅型は主に王族や士族の衣装として染められ、王府は紺屋《クンヤ》（染め物屋）を首里城の周りに住まわせて彼《かれ》らの生活を守り、仕事に専念できるようにしました。

王族や士族は、衣装を複製されないために、納品時に、型紙を添《そ》えるように要求することもありました。このころ型紙作りに特別秀《ひい》でた沢岻家《たくしけ》、知念家《ちねんけ》、城間家《しろまけ》の三家は、正統を伝える地位の家柄《いえがら》である三大宗家《そうけ》として、名声を博しました。

十九世紀半ばには、西洋の船がひんぱんに姿を現すようになり、琉球王国は彼らの要求に応じて、アメリカ、フランス、オランダと修好条約を結びました。これにより、条約国は琉球に寄港できることになりました。

一八六八年、日本では二百六十年あまりつづいた徳川幕府が政権を朝廷《ちょうてい》に返して、明治新政府がスタートしました。明治政府は今まで大名が支配してきた藩《はん》をなくし、全国に府と県をおく「廃藩置県《はいはんちけん》」を行いました。

琉球《りゅうきゅう》王国は琉球藩《はん》として日本に組みこまれたりしながら、一八七九年には、新政府から一方的に「琉球藩を廃《はい》して沖縄県《おきなわけん》をおく」といいわたされます。かつて、薩摩《さつま》藩が支配したとき、きびしい管轄《かんかつ》であっても王国はそのまま残されました。琉球の多くの人々はまた同じことだと思ったのですが、実際は王国は完全に廃され、沖縄県の名のもとに日本の一部になってしまいました。四百五十年つづいた琉球王国の滅亡《めつぼう》です。これを「琉球処分」といいます。

第二次世界大戦まで

一八七九年、ついに首里城《しゅりじょう》は明けわたされました。最後の王となった尚泰《しょうたい》は東京に移され、代わりに県令（県知事）が日本本土から派遣《はけん》されてきました。

役人たちは、日本の文化や思想を植えつけるために、策を講じたりして、琉球独自の文化を軽視していきました。

王府のもとで発展していった紅型《びんがた》は、すぐに影響《えいきょう》を受けることになりました。王族や士族など上流社会の特別な衣装だった紅型の着物は、どんどん需要《じゅよう》が少なくなっていきました。代わって使われたのが日本の和服です。これは、日本の文化や生活習慣を推進しようとしていた日本政府の方針に沿うものでした。

かつての王族や士族のように経済的に裕福《ゆうふく》な人々が日本の和服を着るようになると、紅型から離《はな》れていきます。彼《かれ》らからの注文がないのは、紅型職人にとって大きな痛手でした。そのうえ、職人の生活を支えてきた王府はすでにありません。

とても紅型がつづけられる状況《じょうきょう》ではありませんでした。王府がなくなった首里《しゅり》からは、一軒《けん》、また一軒と、紺屋《クンヤ》が去っていきました。紅型を辞《や》めてほかの仕事につくか、商業が盛んな港に出て紅型をやるかと、人々は迷いながら首里の丘《おか》を下りていったのです。

首里を後にして紅型をつづける職人もいましたが、受ける注文は、華《はな》やかな多色を使ったものはごくたまで、多くは、藍色《あいいろ》一色か藍の濃淡《のうたん》で染める藍型《エーガタ》でした。

ヨーロッパではじまった第一次世界大戦（一九一四年〜一九一八年）は、日本に好景気をもたらしました。沖縄《おきなわ》の特産であるサトウキビから作られる砂糖もどんどん輸出され、砂糖成金とよばれる金持ちも現れました。しかし、戦争が終わってヨーロッパの経済が安定すると、日本の輸出は落ちこみ、今度は不景気に陥《おちい》りました。砂糖も値下がりして、沖《おき》縄《なわ》の不況《ふきょう》は深刻になっていきました。

沖縄県民の七十％の人が農業についていましたが、ほとんどの農家は、サトウキビ栽培《さいばい》を生業としていました。そのために不況になるとすぐに食べ物に困りました。主食の米もサツマイモも手に入らなかった人々が食料としたのは、たくさん自生しているソテツの実です。ソテツの実には毒があってしっかりと毒抜《ぬ》きをしなければいけないのですが、あまりの空腹に毒抜きの時間が待てずに食べてしまい、中毒死する人が後を絶ちませんでした。これを「ソテツ地獄《じごく》」とよびました。

沖縄にいても将来に希望がもちにくいと感じた人々は、政府が勧《すす》める海外への移民に夢を託《たく》しました。移民先は、ハワイのほか、ブラジル、アルゼンチン、メキシコなどの中南米の国々をはじめ、カナダやフィリピンなど二十一か国におよびます。

沖縄県の移民数は他県にくらべて最も多く、「移民県」とよばれるほどでした。

移民していった沖縄県民は、慣れない土地での生活や苦しい労働に耐《た》えながら、家族に送金しつづけました。その金額は、一九二九年には沖縄県の歳入《さいにゅう》（収入）の半分以上にもなり、家族と県の財政を大きく支えることになりました。

一九三七年から中国と戦争をしていた日本は、一九四一年十二月八日にハワイの真珠湾《しんじゅわん》を攻撃《こうげき》して、アメリカ、イギリスに宣戦布告をしました。太平洋戦争のはじまりです。日本軍ははじめのうちこそ各地で勝利を上げていたものの、一九四二年ころから次々に戦場を後退していきました。

一九四五年の三月、沖縄《おきなわ》周辺には五十五万人の兵を集めた千五百隻《せき》のアメリカ艦隊《かんたい》が押《お》しよせ、一週間に四万発の砲弾《ほうだん》があびせられました。そして四月一日、アメリカ軍は沖縄本島に上陸し、それから三か月の間、はげしい戦いが展開されました。沖縄戦といわれる戦いです。

首里城《しゅりじょう》の地下にあった日本軍の司令部は、五月三十一日にアメリカ軍の手に落ちました。六月二十三日に日本軍の司令官が自決したことで日本軍の組織的な抵抗《ていこう》は終わりましたが、実際にはその後も南部を中心にして、戦闘《せんとう》がつづきました。

両国の武器の量や戦力の差は歴然としていて、アメリカ軍は日本軍の十倍だったといわれます。このとき使用された銃弾《じゅうだん》・砲弾の数は、アメリカ軍側だけで二百七十万発におよびました。無差別に多量の砲弾《ほうだん》が撃《う》ちこまれるさまを暴風にたとえて、「鉄の暴風」とよばれるようになりました。

戦前の沖縄県《おきなわけん》の人口は四十九万でしたが、県民の戦没者《せんぼつしゃ》は十二万人とも十五万人ともいわれ、県民の四人か三人に一人が亡《な》くなったことになります。死者の中には老人や子どもをふくむ一般《いっぱん》の市民が多く、沖縄戦の悲惨《ひさん》さを物語っています。

ガマとよばれる洞窟《どうくつ》に避難《ひなん》した人々が、捕虜《ほりょ》になるのを嫌《きら》ってたがいに殺しあったり、米軍に居場所を知られるのを恐《おそ》れて、泣く赤子を死なせるなど、想像を絶する世界が繰《く》り広げられたのです。

また、日本軍に見放されて行き場を失った人々が戦火で命を落としたり、海岸まで追いつめられて断崖《だんがい》から身を投げる人もいました。

戦争さえなかったら、平和な島だったはずなのに、血の臭《にお》いがただよう地獄《じごく》の島になっていました。

この戦いで亡くなった人の数は、日本兵、アメリカ兵、一般県民を合わせて二十万人を超《こ》えています。

七月三日にアメリカ軍は沖縄作戦が終わったことを宣言しました。戦争は日本軍によるハワイの真珠湾攻撃《しんじゅわんこうげき》ではじまったのに、日本で戦場になったのは沖縄《おきなわ》だけです。

八月十五日、日本の無条件降伏《こうふく》で、五年近くつづいた太平洋戦争は終結しました。

華麗《かれい》な首里城《しゅりじょう》は砲撃《ほうげき》を受けて消失してしまい、沖縄はどこもかしこも瓦礫《がれき》が散乱する焦《しょう》土《ど》の町と化してしまいました。

終戦後、沖縄は日本本土から切り離《はな》されてアメリカの統治下におかれました。県内には収容所が設置されて、三十二万もの人々が収容され、せまいテントの中での暮らしを強《し》いられました。県民の行動は、収容所に入れられたり外出を規制されるなど、束縛《そくばく》されました。特に、首里城があったあたりは県民が住むことを許されず、人々は許可された場所にバラックを建てて住みはじめました。また経済体制も混乱していて、通貨のない経済が一九四六年四月までつづきましたから、生活物資は物々交換《ぶつぶつこうかん》で手に入れるより方法がありませんでした。複数の貨幣《かへい》が流通したりした後、一九五八年になってドルへ移行しました。

かつて、王府に支えられて発展した紅型《びんがた》などの伝統工芸も、大きな痛手を負ったのはいうまでもありません。型紙をはじめ、染色に必要な道具類も染料も、いっさいを戦火で失ってしまったのです。

このような中で、一命を取りとめた画家や工芸家たちが力を合わせて、終戦の翌年、

「沖縄《おきなわ》美術家連盟」を発足させました。作家だけではなく、沖縄の伝統工芸を愛する人々も、美術家連盟の活動を積極的に支援《しえん》していきました。

沖縄の文化を大事にしたいとねがう思いはアメリカ軍をも動かし、軍から建物二棟《とう》をゆずり受けると、作家たちは制作に励《はげ》みました。

一九五〇年代に入るとアメリカ軍の基地建設が本格化し、住民の土地は次々と取り上げられていきました。土地を失った住民の生活は、基地の存在に左右されました。

ベトナム戦争（一九六〇年～一九七五年）が起きると、沖縄はアメリカ軍の補給基地になり、ベトナムに出撃《しゅつげき》していく兵士たちの一時的な休息地にもなりました。

沖縄は、アジアにおけるアメリカ軍の重要な場所になるのと同時に、米兵による犯罪もふえていきました。ジェット機が飛び立つときの爆音《ばくおん》は、学校の授業を中断しなければならないほどでしたし、墜落《ついらく》する事件も後を絶ちません。なにより、繰《く》り返される少女への犯罪は許しがたいものです。

一九七二年五月十五日、沖縄は二十七年におよぶアメリカの統治から解放され、沖縄県として日本に復帰しましたが、広大なアメリカ軍基地は残されました。終戦後七十数年たった今も、基地は存在したままです。

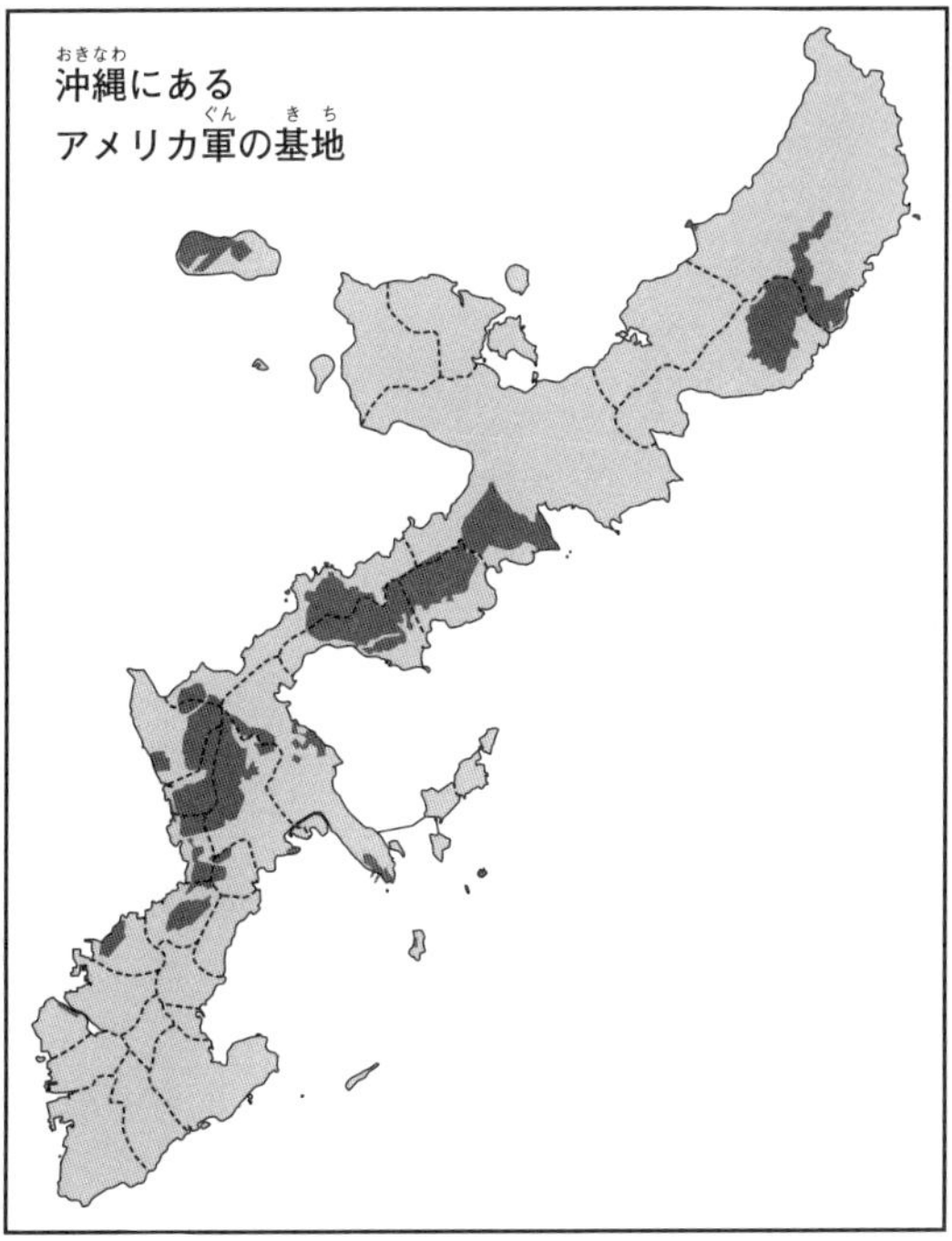

沖縄《おきなわ》県には日本全体のアメリカ軍専用施設《しせつ》の約70%が集中し、沖縄本島の約15%を占《し》めている。（2019年沖縄県公式HPより）

琉球《りゅうきゅう》王国の時代に生まれた紅型《びんがた》は、さまざまな歴史の波にもまれながらも生きつづけてきました。特に、太平洋戦争の沖縄《おきなわ》戦では、紅型に必要な型紙も道具類もすべて焼失してしまいましたが、それでも、紅型に魅了《みりょう》された人々の手によって、見事によみがえりました。昔からの伝統工芸として復活しただけでなく、新しい感性のもとに多様に発展しつづけています。

沖縄戦で途絶《とだ》えてしまった紅型の再生に力を尽《つ》くしたり、さらに独自の感性で紅型を発展させたりした人々の中で、鎌倉芳太郎《かまくらよしたろう》、城間栄喜《しろまえいき》、芹沢銈介《せりざわけいすけ》の三人は際立《きわだ》った業績を残しています。彼《かれ》らの仕事は、沖縄の文化そのものを染めてきた紅型に自分の人生を重ねながら、染めの世界を追求するための努力だったのではないかと思われます。

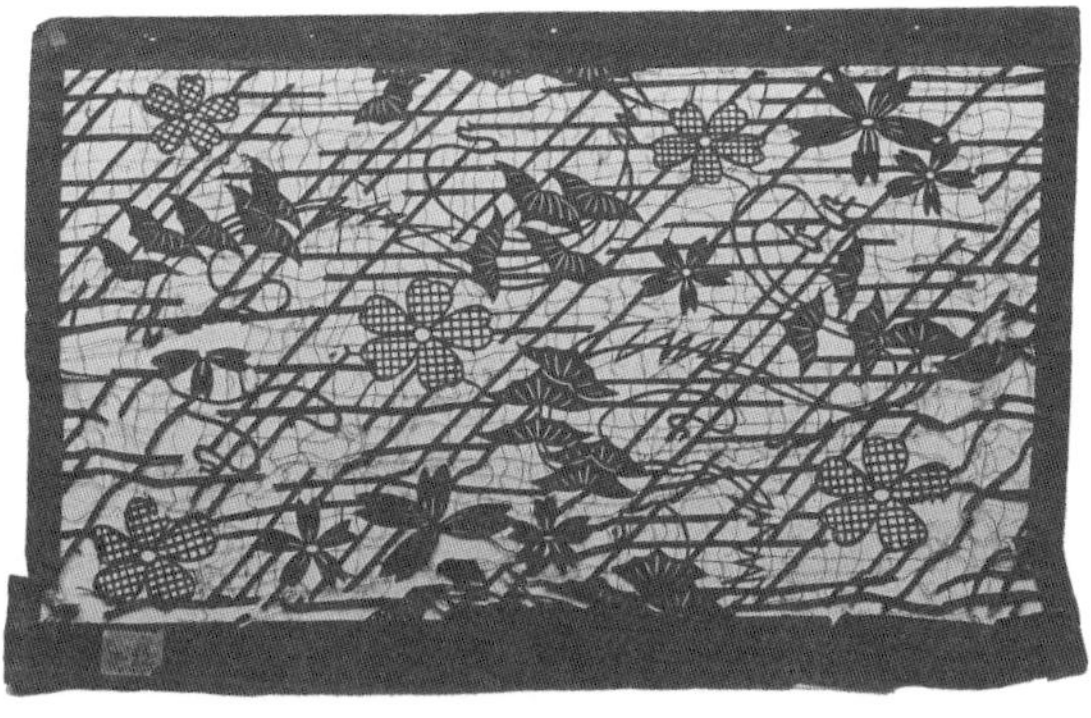

糸かけをした型紙。(城間びんがた工房蔵)

（香川県立ミュージアム蔵）

三章　研究者を魅了《みりょう》した紅型《びんがた》

【鎌倉芳太郎《かまくらよしたろう》】1898—1983

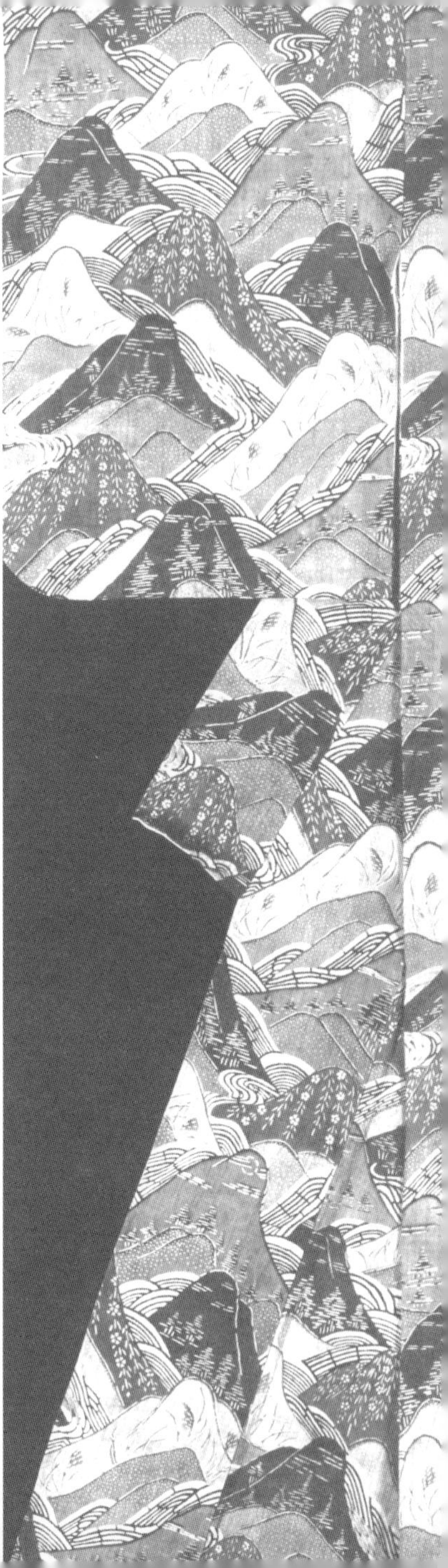

鎌倉芳太郎は、沖縄《おきなわ》文化の研究者であり染織家でもあります。沖縄各地をくまなく歩き、琉球芸術の調査をして膨大《ぼうだい》な資料を残しました。太平洋戦争で失われた沖縄の芸術文化復興の際には、鎌倉の調査資料が大きな手助けとなりました。紅型は研究対象でしたが、後に型絵染《かたえぞめ》の作家として人間国宝に認定されました。

はじめての沖縄《おきなわ》

一九二一年四月、紺《こん》の絣《かすり》の着物に黒い袴《はかま》を身に着けた青年が、首里城《しゅりじょう》を仰《あお》ぎ見ています。青年は二十三歳《さい》の鎌倉芳太郎《かまくらよしたろう》で、きのう沖縄に着いたばかりでした。

沖縄へ行ったらまず首里城を訪ねたいと思っていたのです。

高さが十六メートルの正殿《せいでん》をもつ首里城は、想像していた以上に堂々《どうどう》たるものでした。十三世紀ごろに建てられた首里城は、琉球《りゅうきゅう》王朝の城です。大きく反《そ》り返った曲線状の屋根が印象的な木造建築ですが、長い間風雨にさらされていたため、木目がむきだしになっているばかりか、外壁《がいへき》の多くは破れたままです。それでも、琉球王が住んでいたころはどんなにすばらしい城であったかが想像できます。

高台に建てられた首里城のあたりからは、海が一望できます。

芳太郎は海に向かって深呼吸を繰《く》り返しました。

芳太郎が育った香川県《かがわけん》の家の近くにも海がありました。眼前の海は故郷の海ともつながっているると思うと、なんだかうれしいような不思議な感じがします。

一八九八年に生まれた芳太郎は、七歳《さい》のときに母が病死し、その後父が事業に失敗して家をなくしたため、教師をしている叔母《おば》に育てられました。叔母は、芳太郎が小さいときから絵を描《か》くのが上手だったため、郷里の師範《しはん》学校を卒業した後、東京美術学校（現在の東京芸術大学美術学部）へ進学するよう勧《すす》めました。

このころ、芳太郎はひそかに、いつかレオナルド・ダ・ビンチのように、絵を描いたり建築の設計をしたり彫刻《ちょうこく》をしたりする芸術家になりたいと夢見ていました。

叔母や自分のねがいどおりに美術学校へ入学した芳太郎は、好きな絵の世界を勉強した後、卒業を迎《むか》えます。

芳太郎に、就職先を仕事の内容で選べる余裕《よゆう》はありませんでした。できるだけ給料のよいところに就職して、叔母への仕送りを多くしたいと思っていたのです。いくつかの就職先の中で、最も給料がよかったのが沖縄《おきなわ》の教師の職でした。任期は二年間です。芳太郎は迷わずに沖縄行きを決めました。

そんな芳太郎でしたが、沖縄に来てみると、見るもの聞くものすべてが新鮮《しんせん》で、わくわくしどおしです。特に、降りそそぐ太陽の光はかくべつでした。まったく、今までに経験したことのない強い光です。炎天《えんてん》で美しい花になど見とれていると、足元からちりちりと焦《こ》げていきそうになります。鮮烈《せんれつ》な太陽光に照らし出される風景は、無駄《むだ》なものはすべて焼きはらわれたかのように、人の暮らしに必要なものだけが、あっけらかんと照らし出されていました。

（ここは、沖縄《おきなわ》なんだ）

芳太郎は新しいことに出会うたびに、そうっと低くつぶやきました。

沖縄には彫《ほ》りの深い顔つきの人が多くて、彼《かれ》らとすれちがうたびにどきっとしてしまいます。今まで過ごしてきた日本本土とはちがう文化の香《かお》りに、芳太郎はめまいを感じるほど刺激《しげき》されつづけていました。

女性たちが着ている着物も、見たことのない織物だったり、髪型《かみがた》も独特だったりします。話す言葉も、聞きとれることもありますが、いくら注意をはらって聞き耳を立ててもわからない場合がありました。特に、お年寄りたちの会話は、まったく理解できないことが多々《たた》あります。食べ物にしても、沖縄に来てはじめて口にしたものは数えきれません。

言語や風俗《ふうぞく》に表れるちがいは、芳太郎の好奇心《こうきしん》をかきたてました。資料を集めて研究し

「首里《しゅり》城正殿《じょうせいでん》」鎌倉芳太郎が琉球《りゅうきゅう》芸術調査の際（1924 ～ 1925年）に撮影した写真。
（沖縄県立芸術大学附属図書・芸術資料館蔵）

たいとの思いは、日ごとにつのっていきました。

(沖縄《おきなわ》に赴任《ふにん》してよかった)

数日もしないうちに、芳太郎はそう実感しました。

芳太郎の職場は沖縄女子師範《しはん》学校と第一高等女学校で、両校の図画教師を兼任《けんにん》しました。どこへいってもめずらしいものが多くて退屈《たいくつ》することはありませんでしたが、とりわけ首《しゅ》里城《りじょう》のある首里一円には沖縄の大事なものがぎゅっと詰《つ》まっているような気がして、時間が許すかぎり、首里を散策していました。

芳太郎の下宿は那覇《なは》にありますが、できたら首里にある沖縄の人の家に住みたいと思います。生活しながら、直接沖縄の文化にふれられるし、歴史的なことを教えてもらえるかもしれません。芳太郎は教師仲間に相談してみました。

無理かもしれないとあきらめかけていたとき、首里大中《おおなか》(那覇市《なはし》首里大中町)に八百坪《つぼ》の屋敷《やしき》を構えている旧家、座間味家《ざまみけ》が芳太郎を受け入れてくれることになりました。座間味家は上層士族の家系で、すぐそばには、琉球《りゅうきゅう》王家の最後の王である尚泰《しょうたい》王の四男、尚順《しょうじゅん》の広大な屋敷がありました。

座間味家での生活がはじまりました。一家の主は未亡人のツルです。

座間味家《ざまみけ》は王家とも付き合いのある家でしたが、ツルの夫が亡《な》くなってからは経済的に窮《きゅう》するようになり、芳太郎を下宿させるにいたったのです。

ツルは格式高い旧家の女主として、申し分のない人でした。

アダン（熱帯性常緑低木）の葉で帽子《ぼうし》を作ったり上布《じょうふ》（上等の麻布《あさぬの》）の仲買《なかがい》などで家の経済を支えながら、家庭では伝統的な琉球《りゅうきゅう》の文化をしっかり伝承する人でもありました。家族を守るときのたくましさと、家庭人としての細やかさがとてもよい感じに調和していました。

ツルには、すでに成人して結婚《けっこん》した娘《むすめ》、就職して家を離《はな》れている息子《むすこ》らがいましたが、まだ学校に通う子ども三人いて、芳太郎のいい話し相手になりました。

ツルは、芳太郎が幼いときに母親を失っているとわかると、わが子のように細やかな配《はい》慮《りょ》をしてくれるようになりました。

沖縄《おきなわ》には方言のほかに本土から強制された標準語があって、とても便利に使われていましたが、それらのほかに、首里《しゅり》言葉という特殊《とくしゅ》な言語もありました。首里言葉は、上層階級の人々が使ってきた言葉で、それによって、一般《いっぱん》の人々とのちがいを明確にし、彼《かれ》らの地位を保ってきたともいえます。

首里は王家を中心にした階級社会で成り立っていましたから、王族、士族、庶民《しょみん》にそれぞれの言葉があり、身分に応じた言葉を正しく使うことをたいせつにしてきました。

首里《しゅり》言葉は琉球《りゅうきゅう》の古典語でもありますから、琉球の文学や舞台《ぶたい》芸能（組踊《くみおどり》）を理解するにはどうしても首里言葉に通じる必要があります。

ツルは首里言葉を自在に使いこなすだけでなく、標準語にも不自由しませんでしたから、首里言葉を学びたいという芳太郎に、ツルは標準語で通訳しながら教えていきました。

ツルが用意してくれた食事を食べ、ツルが歌う子守歌を聞き、ツルが健康を気づかってくれる日々の暮らしは、芳太郎にとって心安らぐ平穏《へいおん》このうえないものでした。母親のいる家庭というものを実感しているうちに、芳太郎は自然とツルのことを「あやあ」とよぶようになりました。首里言葉で「お母さん」という意味です。

ツルは家族の衣服を用意するために、毎日のように機織《はたお》りをしました。

指先で細い糸をあやつるツルの姿を、芳太郎はあきることなく見つづけます。

「その糸の色、いいですね。混じりけがありません」

「この黄色は、フクギで染めるのよ」

「フクギって、庭にあるあのフクギの木ですか?」

「そうそう。その木の皮でね」

染めについても織物についても、芳太郎には聞きたいことが次々に出てきます。ひとつひとつの質問に、ツルは面倒《めんどう》がらず、ていねいに教えてくれました。

「あなたに見せたい布があります」

ツルが奥《おく》の部屋からもってきてくれた布を見て、芳太郎は思わず驚《おどろ》きの声を上げてしまいました。混じりけのない黄色の地に、これまた鮮《あざ》やかな色合いの鳥と花が描《えが》かれています。鳥は尾長鳥《おながどり》で、花は牡丹《ぼたん》でした。

染め物だということはわかりますが、本土の染め物とはまったくちがいます。尾長鳥と牡丹の単純化されたデザインも、くっきりとした線も、独特のものでした。

「これは琉球《りゅうきゅう》の紅型《びんがた》です。沖縄《おきなわ》そのものが染めてあります。沖縄の海、空、空気までが染めてあるのです。この黄色はフクギで染めたのですよ」

座間味家《ざまみけ》の先祖が、王家からもらったものだそうです。

「つきぬけていますね。なにもかもが。まるで、沖縄の海です」

しげしげとながめる芳太郎に、ツルがほほえんでいました。

首里言葉を習いたいと思ってツルにたのんでまもなく、座間味家での日常会話が少しずつ首里言葉に代わっていきました。ツルはとても記憶力《きおくりょく》のいい人で、彼女《かのじょ》が子どものころに聞いたというさまざまな古い習慣まで、首里《しゅり》言葉を使って細部にわたって芳太郎に教えてくれました。首里言葉にはたくさんの敬語があって、わかりにくいことも多いのですが、ツルは標準語でたくみに通訳しては芳太郎に理解させます。

「あやあがいうこと、とてもわかりやすいです」

「よかった。本土から来た芳太郎に、琉球《りゅうきゅう》のことをみんな教えたい。あなただったら、全部、受け止めてくれるでしょう？」

芳太郎にはツルのいう「受け止める」という意味がよくわかりませんでした。琉球の文化に興味をもって、貪欲《どんよく》にもっと知りたいと思う自分なら、聞き流さないで、しっかり理解して記憶《きおく》するだろうと考えたのでしょうか？　それとも、見聞きしたことを熱心に記録する自分を見て、ツルは多くの学者がするように、芳太郎も学問的に琉球の文化を伝承すると考えたのかもしれません。いずれにしても、ツルは首里言葉にしても伝統的生活習慣にしても、芳太郎に伝えるのを自分の使命だと思っているかのようです。

「あやあ」

よびかける芳太郎に、ツルが自然にこたえます。

「なに？　どうしたの？」

黄色地に尾長鳥《おながどり》と牡丹《ぼたん》などが描《えが》かれた王家のみに使用された衣装。
（那覇市歴史博物館蔵）

「あやあから聞いたこと、教えてもらったこと、大事にします」

ツルが芳太郎の目を見て、小さくうなずきました。

芳太郎は座間味家《ざまみけ》に下宿させてもらえたことを、なんと幸福なことかと感謝せずにはいられませんでした。

よく晴れた日の夕方、芳太郎は決まって庭に出ます。はるか眼下に広がる青い海に夕陽が映る様子は、いつまで見ていてもあきることがありません。海上をすべるように行き交う船を見ながら、いにしえの琉球《りゅうきゅう》王国に思いをめぐらします。交易が盛んだったころには、めずらしい外国の船がこの港を彩《いろど》っていたことでしょう。

深い海の色を思うと、きまってツルに見せてもらった尾長鳥《おながどり》と牡丹《ぼたん》の布が目に浮《う》かびました。

芳太郎は時間さえあれば首里《しゅり》や那覇《なは》を歩きました。王国時代の建造物、特に寺社は目を見張るほどにすばらしいものがあります。建物だけではなく、旧盆《きゅうぼん》(旧暦《きゅうれき》七月十三日〜十五日)にお中元をたずさえて親戚《しんせき》を訪ねあったり、清明祭《シーミー》(四月中旬《ちゅうじゅん》ころに行われる祖先供養の祭り)では家族、親戚で先祖が眠《ねむ》るお墓へ行き、その前で全員で食事をするなど、昔ながらの生活習慣にも、心がひかれました。このような事柄《ことがら》を、自分はただ鑑賞《かんしょう》するだけでよいのだろうかとふと考えます。芳太郎が沖縄《おきなわ》に滞在《たいざい》できる時間は限られています。二年の任期といいわたされて赴任《ふにん》してきたのです。

いつしか芳太郎の中に、あせりのようなものが芽生えてきました。

王国の歴史や文化をもっと知りたいと思います。もっとくわしく知ったうえで、それらを体系的にとらえたいと思うのです。ぱらぱらと散らばった知識を、しっかりした柱のような確かな考えのもとに、組織だって整理できたらどんなによいだろうと思います。しかし、その方法がわかりませんでした。ツルは物知りでかしこい女性ですが、彼女《かのじょ》にそれを要求するのは妥当《だとう》ではないと思いました。

今の状態から次の段階へ進みたいとのねがいは、日ごとに強くなっていきました。その分、心の中にはもやもやとしたいらだちが広がっていきます。

そんなある日、芳太郎はなにげなく地元の新聞『沖縄タイムス』を手に取りました。連《れん》載《さい》中の「琉球《りゅうきゅう》画人伝」を読んでいくうちに、芳太郎のからだは火がついたように熱くなっていきました。琉球王国時代の画人たちを、歴史やその時代の文化を背景にしてとらえた記事なのですが、まず、引用された文献《ぶんけん》の多さに驚《おどろ》いてしまいました。文献は多岐《たき》にわたっていて、琉球、中国、日本の古文書から文学作品にいたるまで自在にもちいながら画人たちを生き生きと描《えが》いています。まさに、琉球《りゅうきゅう》そのものが語られていました。さらに、記事には書き手の考察まできちんと述べられているのです。

（これだっ！）

芳太郎は自分が求めていた世界がこの新聞記事にあると確信しました。

書いた人は末吉麦門冬《すえよしばくもんとう》というジャーナリストであり、俳人としても著名な人物らしいとわかりました。芳太郎は興奮気味のまま、麦門冬の家を訪ねました。

麦門冬の生家である末吉《すえよし》家は首里儀保《しゅりぎぼ》（那覇《なは》市首里儀保町）にあって、上層士族の伝統的な門構えの屋敷《やしき》でしたが、本人は沖縄《おきなわ》タイムス社の近くに家を借りていました。

「連載《れんさい》記事を読みました。すばらしいです」

「ヤマトンチュー（本土の人）が沖縄の文化に興味をもってくれてうれしい」

小太りの麦門冬は白い歯を見せて笑いながら、芳太郎に握手《あくしゅ》を求めてきました。

「沖縄の絵に関心があるのですか？」

「はい、絵でもなんでも、沖縄の文化に関わることならなんでも知りたいのです」

「わかりました」

麦門冬は人なつこい笑顔をたやさず、芳太郎を家の中に招き入れました。

「王国時代からの絵師がいますよ。その人に会ってみたらどうでしょう」

うれしさに目を輝《かがや》かせている芳太郎を前にして、麦門冬《ばくもんとう》は早々《はやばや》と紹介状《しょうかいじょう》を書きはじめます。

麦門冬の家を出るころには、ふたりは旧知の仲のように親しくなり、たがいに相手の存在を好ましく思うようになりました。

それからも、麦門冬は沖縄《おきなわ》の文化に関わる人々を次々に芳太郎に紹介してくれました。

麦門冬は『沖縄タイムス』の主筆（記者の最高責任者）の立場にある人でしたが、実に多彩《たさい》な顔を持っていました。俳句、演劇、評論なども手がける文学者であり、琉球史《りゅうきゅうし》の研究者でもありました。

芳太郎はひんぱんに麦門冬を訪ねました。沖縄特産の焼酎《しょうちゅう》である泡盛《あわもり》をくみかわしながら沖縄の文化について語ります。芳太郎は麦門冬との会話の中で、自分が読むべき文献《ぶんけん》を知り、会うべき人を教えてもらいました。

芳太郎の胸の内でくすぶっていたもやは一気に晴れていきました。

麦門冬に紹介された人の中には図書館長もいて、芳太郎の学びに力を貸してくれました。また、カメラマンにも引きあわせてくれ、取材のときに写真を撮《と》ることのたいせつさも教えてもらいました。

図画の教師として沖縄《おきなわ》に赴任《ふにん》した芳太郎ですから、はじめは絵画の世界に興味をもち、琉球《りゅうきゅう》時代の画人などを調べていましたが、さまざまな文献《ぶんけん》にふれるうちに、関心は芸術一《いっ》般《ぱん》に広がっていきました。もっとも、麦門冬《ばくもんとう》の博識や思想に多大な影響《えいきょう》を受けるようになったのですから、当然のなりゆきといえるでしょう。

（わたしの天職は教師ではない。いつか、沖縄の芸術について説明ができるような人になろう）

芳太郎は将来の自分の姿を思い描《えが》いて、ひとりで小さくうなずきました。

麦門冬と出会ってからの芳太郎は、精力的に沖縄の各地を訪れました。赴任先の校長の厚意で、宮古島《みやこじま》や八重山郡《やえやまぐん》（八重山列島の石垣市《いしがきし》、竹富町《たけとみちょう》および与那国町《よなぐにちょう》）を見学することもできました。

聞いたことはすぐにノートに記録し、めずらしいものを見ると、やはりノートにスケッチしておきました。これらのノートはやがて膨大《ぼうだい》な記録となって、後に「鎌倉《かまくら》ノート」とよばれる貴重な資料となります。

限られた時間の中でできることは、なるべく多くの芸術品や芸術家に接して知識をたく

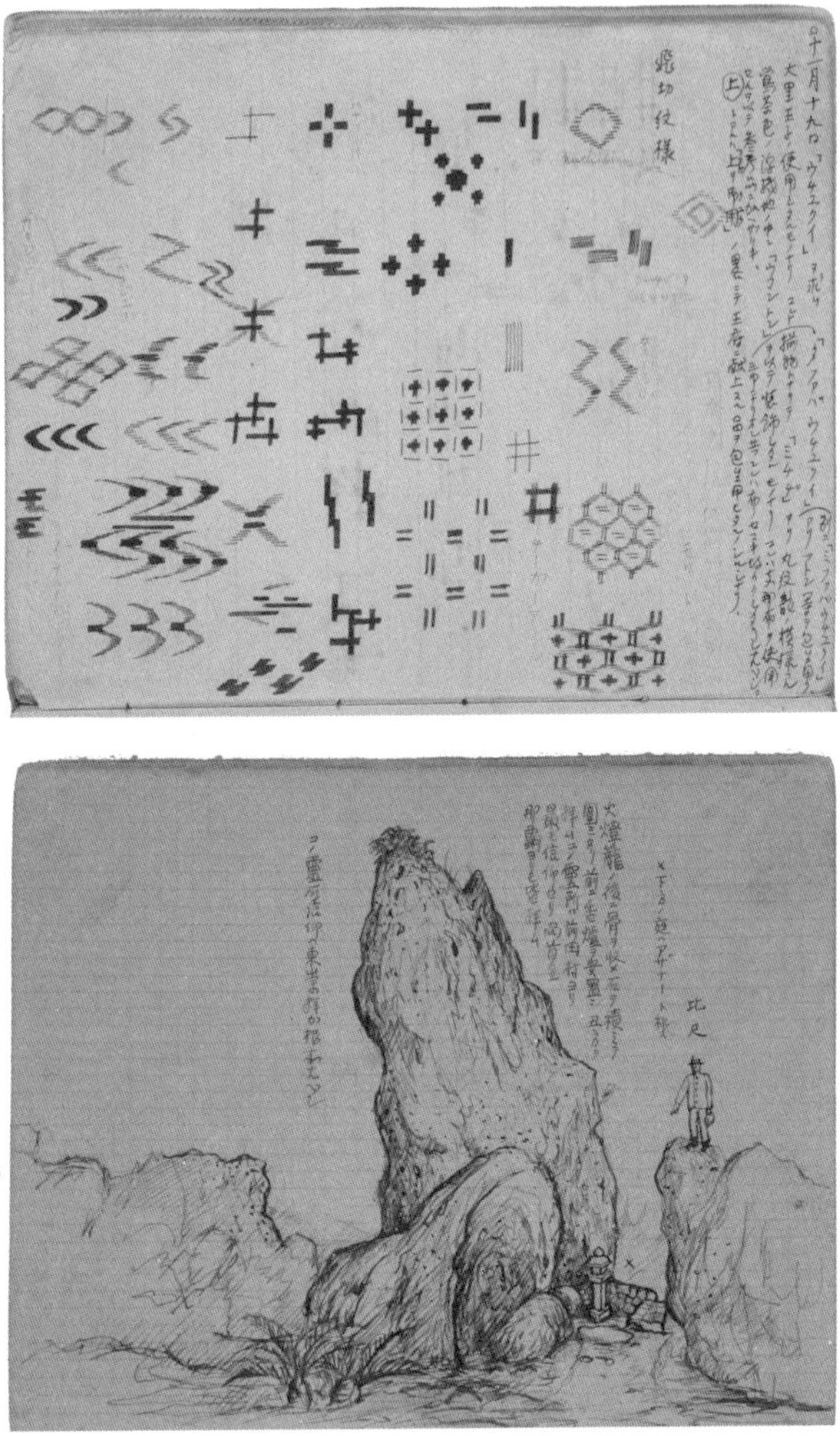

調査ノートに描《えが》かれたスケッチ。上のノートには、絣《かすり》の各種の模様を記録し、下には、浦添城跡《うらぞえじょうあと》にある「為朝岩《ためともいわ》」が描かれている。(沖縄県立芸術大学附属図書・芸術資料館蔵)

わえることです。研究の材料になるものは、人からもらったり買えるものは買ったりしました。それらを足がかりにすれば、書物で調べたり書いたりするのは、東京に帰ってからでもできるはずだと考えました。

沖縄《おきなわ》の芸術や歴史についての情報は、かつての上層階級に属する人々から得られることが多く、ツルに教えてもらった首里《しゅり》言葉がとても役に立ちました。古典の言葉に通じる格式高い言葉を話すというだけで、芳太郎は信頼《しんらい》され、貴重な話を聞くことができたのです。

ツルに見せてもらった紅型《びんがた》とよばれる染め物を目にすることもあり、鮮《あざ》やかな色使いと大胆《だいたん》なデザインの染め物に強烈《きょうれつ》な印象をもちましたが、このときの芳太郎にはまだ紅型について調べようという余裕《よゆう》がありませんでした。

任期の二年間は、あっという間に過ぎていきます。

いよいよ沖縄を離《はな》れる日の朝、ツルは船の中で食べる弁当を用意してくれました。

「あやあ、お世話になりました」

「からだに気をつけるのですよ」

ツルはわが子を旅立たせるかのように、不安そうに芳太郎を見上げています。

芳太郎も、ツルとの別れがつらくて、うっかりすると涙《なみだ》があふれてきそうでした。

「ややあもお元気で。たくさんのことを教えてくださり、ありがとうございました」

「また会えるかしらねぇ……」

「はい、また来ます。かならず訪ねてまいります」

思わず口をついて出てしまった言葉でしたが、ほんとうにまたここにもどってこようと思いました。ツルがいてくれたからこそ、充実《じゅうじつ》した日々が送れたのです。いくら感謝しても、したりないほどでした。とりわけ、母親のいる暮らしを経験させてもらえたのは、なによりもうれしいことでした。いつも自分のことを気づかってくれる人との生活に、芳太郎は満ち足りていました。

芳太郎は座間味《ざまみ》の家を出るとき、王家からもらったというあの紅型《びんがた》の絵を思い出しました。フクギで染めた黄色の鮮《あざ》やかさは決して忘れないことでしょう。これまでに見たどの紅型にも、沖縄《おきなわ》にしかない特別な雰囲気《ふんいき》がただよっていました。やはり、紅型が気になってきます。いつか、紅型としっかり向きあおうと思いながら、慣れ親しんだ家を後にしました。

芳太郎は収集したたくさんの資料とともに船に乗りこみました。資料の中には、麦門冬《ばくもんとう》を通して知りあったカメラマンが写してくれた写真も、たくさんあります。芳太郎が乗った船は、やがて沖縄を離《はな》れていきました。

幸運な出会い

一九二三年四月、沖縄《おきなわ》での仕事を終えて東京にもどってきた芳太郎《よしたろう》は、幸いなことに東京美術学校研究科（美術史研究室）に入学することができました。これからは学生として給料のない研究生活を送らなければなりませんが、大好きな琉球《りゅうきゅう》の芸術についてぞんぶんに研究できるのはうれしいことでした。

ほどなく、芳太郎の琉球芸術の研究は正木直彦《まさきなおひこ》校長の耳にとどき、求められるまま、もちかえった琉球の伝統工芸品などの資料を見てもらいました。

「これはすごい。よくこんなに集められたものだね。それに、なんという綿密な記録なんだ」

芳太郎のノートを熱心に見ていた校長が、写真に目をとめました。琉球王国時代の建物が写っていました。

「建築にも興味があるのかい？」

「はい。くわしいことはわかりませんが、この時代の建物は実に美しくて……」

「わかった。きみにいい人を紹介《しょうかい》しよう」

校長が引きあわせてくれたのは、東京帝国《ていこく》大学（現在の東京大学）で建築学を教えている伊東忠太《いとうちゅうた》教授でした。

伊東忠太は、建築家の枠《わく》におさまらずに多方面で活躍《かつやく》する人でした。彼《かれ》は芳太郎のように、若いころに画家を目指していたことがあり、国内外で取材した事柄《ことがら》を、巧《たく》みなスケッチを交えながら記録していました。綿密に記録を残しているのも、芳太郎と同じでした。

伊東は建築史も教えていて、世界じゅうの建築とそれにまつわる歴史上の出来事など、広くて深い教養を身につけた人でもありました。実際、伊東の調査旅行は広範囲《こうはんい》にわたっていて、ヨーロッパ各地、中国、ミャンマー、インド、トルコ、エジプト、ギリシャなどを訪れています。

伊東は歴史に残る仕事をたくさんしていますが、代表的な建築作品として、京都の平安神宮（一八九五年）、東京の明治神宮（一九二〇年）などがあります。

業績からいっても、芳太郎などは会えるだけでもおそれ多いと思っていましたが、伊東は予想外に気さくで温かい人でした。

「沖縄《おきなわ》だって？　いいねえ」

やわらかい笑《え》みを浮《う》かべた伊東は、初対面の芳太郎をすっぽりと包みこんでいきます。沖縄《おきなわ》でツルにはじめてあったときのような、不思議な安堵感《あんどかん》をあたえる人でもありました。

このとき、伊東《いとう》は五十六歳《さい》で芳太郎は二十五歳でした。

「沖縄はずっと気になっていたんだ。行きたいのに、いまだに行けてない」

ふたりは会ったばかりなのに、気がついたら夢中で話しこんでいます。

伊東は芳太郎の研究を応援《おうえん》すると約束してくれたばかりか、芳太郎が不安に思っている研究内容のことなど、なんでも相談に乗ってくれました。琉球《りゅうきゅう》芸術の分野は未開拓《みかいたく》であり、伊東自身も琉球の建築をぜひ調べたいと考えていたこともあって、芳太郎の研究を支えてやりたいと思ったのでした。

伊東との出会いは、芳太郎に勇気をあたえました。今後の研究で問題が生じても、迷っても、相談に乗ってくれるたのもしい学者が近くにいるというのは、とても心強いものでした。

力を得た芳太郎は、論文の執筆《しっぴつ》に精力をかたむけました。「琉球美術論」です。

一九二四年、年が明けてまもなく、芳太郎は伊東から夢のような話をもちこまれました。沖縄へ行って芸術調査をしてみないかというのです。費用は啓明会《けいめいかい》という学術団体が援助《えんじょ》してくれるそうです。啓明会《けいめいかい》は「独創的特異的」研究を積極的に支援《しえん》することをかかげていました。

「わたしに、そんな資格があるのでしょうか？」

不思議がる芳太郎に、伊東《いとう》がにこやかに説明しました。

「わたしと共同で〈琉球芸術調査《りゅうきゅう》〉をしたいと申請《しんせい》していたのだよ」

後で知ったことですが、啓明会の主要メンバーに、伊東の親戚《しんせき》や知人が名前を連ねていましたし、第一、伊東のようにすでに名声を博した人なら、啓明会も進んで支援を申し出ることでしょう。

研究補助を受ける研究者の中で、芳太郎の二十六歳《さい》という年齢《ねんれい》は、とびぬけた若さでした。同じ年の三月、芳太郎が出先でなにげなく新聞を手にしたところ、とんでもない記事が目にとびこんできました。

見出しに「首里城取り壊し《しゅりじょうとこわ》」とあります。記事を全部読み終わる前に、芳太郎はかけだしていました。行き先は東京帝国《ていこく》大学の伊東の研究室です。

話を聞いた伊東の表情が一変しました。

「とんでもない」

伊東《いとう》は琉球《りゅうきゅう》建築の研究に着手しようとしていたところでした。

「あの首里城《しゅりじょう》を壊《こわ》すって？　いったい、なにを考えているんだ」

伊東は芳太郎がもちかえった写真でしか首里城を知りませんでしたが、どれほどに価値のある建築物であるか、じゅうぶんに理解していました。

伊東はすぐに行動を起こしました。

伊東の叔父《おじ》は天皇を補佐《ほさ》する内大臣であり、かつては内務大臣もつとめていました。それに、伊東自身が神社建築の第一人者として名をとどろかせています。

さまざまな経緯《けいい》を経て、首里城の取り壊しに中止命令が出ました。あやういところで、首里城は難をのがれられたのです。実際には、芳太郎が新聞を見たときにはすでに取り壊しの工事がはじまっていたのですが、屋根の瓦《かわら》をはいだだけですみました。

沖縄《おきなわ》の麦門冬《ばくもんとう》も、取り壊しに抗議《こうぎ》する文章を『沖縄タイムス』に掲載《けいさい》していました。

そんなさなか、芳太郎にまたしても朗報がころがりこみます。

沖縄の美術史に通じていることが評価されて、美術史研究室勤務の辞令が出たのです。職が得られたのは幸いです。啓明会支援《けいめいかいしえん》の沖縄行きを目の前にした芳太郎を、美術学校でも支えてくれるということです。沖縄へ行っている間は休職のあつかいになり無給ですが、もどれる職場があたえられたのはうれしいことでした。

こわいぐらいに幸運がつづいた芳太郎は、四月の沖縄《おきなわ》への出発を目の前にして、準備におわれることになりました。もっともたいへんなのは、写真撮影《さつえい》の技術を身につけることでした。

研究資料として、写真がどんなに貴重かはよくわかっています。伊東《いとう》の強い勧《すす》めに美術学校の校長が賛同し、写真技術の専門家、森芳太郎《もりよしたろう》が指導につきました。使用するカメラはドイツ製のレンズを備えていて、専門家が使うレベルのものです。

「一週間以内に、技術を彼《かれ》に教えこんでくれ」という校長に、森が目をまるくします。

「とんでもない。数年かけてもじゅうぶんではないのに」

森は、話にならないといわんばかりです。

「そこをなんとかたのむ。一週間でやってくれ」

校長が本気だとわかった森は、腕《うで》を組んで考えこんでしまいましたが、やがて顔を上げて、ほほえみました。

「やってみましょう。方法がないわけではありません。ただ、普通《ふつう》の人には無理かもしれませんが」

「彼《かれ》の能力は普通《ふつう》じゃない。だいじょうぶ。きっとものにするはずだ」

こうして、芳太郎への特訓がはじまりました。

光の露出《ろしゅつ》はどのようにして的確な時間を見いだすかとか、撮《と》った写真の現像のやりかたとか、専門家の指導はかなりハードなものでしたが、芳太郎は途中《とちゅう》で音を上げなかったばかりか、わずか三日間で大半を習得しました。研究の資料として写真は不可欠だと思う芳太郎の熱意が生んだ結果でした。

再び沖縄《おきなわ》へ

五月初旬《しょじゅん》、芳太郎《よしたろう》は沖縄に到着《とうちゃく》しました。

最初に訪れたいところは決まっていました。紅型《びんがた》の工房《こうぼう》です。

はじめて沖縄に来たときから、折にふれて気になっていた紅型ですが、研究の対象にするところまでいきませんでした。ところが、東京に帰ってからも紅型は芳太郎の頭から離《はな》れず、関心は深まる一方だったのです。伊東《いとう》から沖縄の芸術調査を勧《すす》められたとき、今度こそ、しっかり紅型《びんがた》と向きあおうと心に決めました。

芳太郎は紅型の三大宗家《そうけ》として名高い城間家《しろまけ》、知念家《ちねんけ》、沢𤘩家《たくしけ》を訪ねるつもりですが、まずは城間家へと足を運びました。

歩きながら目に浮《う》かぶのは鮮《あざ》やかな色彩《しきさい》の紅型です。鳳凰《ほうおう》、龍《りゅう》、枝垂《しだ》れ桜や梅などを大胆《だいたん》にデザインして染められた衣装は、一度見たら忘れられない強烈《きょうれつ》な印象を放っていました。

紅型の向こうで、ほほえんでいる座間味《ざまみ》ツルが見えます。

（あやあ、少しだけ待っていてください）

ツルに会って、自分が進むべきこれからの道について報告したいのですが、それにはまず、紅型についての手がかりをたずさえていたかったのです。

沖縄《おきなわ》は明治時代に琉球《りゅうきゅう》王国から沖縄県になり、日本の生活習慣がもちこまれたために、衣服も日本式の着物に代わりつつありました。そのうえ、紅型を支えていた王家も、今ではありません。紅型に関わる人たちの暮らしが気になりながら、芳太郎は城間家を訪問しました。

城間家は、想像以上にきびしい生活を強《し》いられていました。当主の栄松《えいしょう》は七十歳《さい》になり、長男の栄喜《えいき》と弟は家計を助けるため家を出て、八重山《やえやま》で仕事をしていました。

芳太郎はウチクイとよばれる筒描《つつが》きのふろしきを手に取りました。筒描きは、型紙を使わず、布に直接模様を描《えが》く技法です。

麻布《あさぬの》に鮮《あざ》やかな植物がのびのびと描かれています。

「大きなふろしきですね」

「これは祝い事や法事で、ごちそうを包むものなのです」

「きれいですねぇ、シミなんかつけたら、たいへんだ」

すみずみまでていねいに見ている芳太郎に、栄松《えいしょう》が説明します。

「嫁入《よめい》り道具のひとつなんですよ。昔は婚礼《こんれい》衣装の注文もあったのですが……」

色彩《しきさい》豊かで華《はな》やかな紅型《びんがた》の衣装は、かつては王家か上層士族の人に多く使われました。一般《いっぱん》の人々も、婚礼や特別なときには、藍染《あいぞ》めの紅型などとともに、彩色《さいしき》が地味な紅型も着用しました。ところが、今は、日本の和服が主流で、化学染料で染めた安い反物が大量に沖縄《おきなわ》に流れこんでいます。

「たいへんですね」

という芳太郎に、栄松がきっぱりとこたえました。

「それでも、紅型を捨てるわけにはいきません。紅型は守らねばならないのです。宗家《そうけ》として、代々伝えられてきた紅型《びんがた》は、どうしても次の世代に引き継《つ》がなければなりません。紅型は琉球《りゅうきゅう》そのものですから」

栄松《えいしょう》の言葉が芳太郎の胸に深くきざまれました。

美しい紅型を守るために、自分にできることはなんだろうと考えこんでしまいます。

（わたしに作ることはできない。せめて、紅型についての研究を残すことぐらいだろうか）

芳太郎はしばらくの間栄松の話を聞いたり、紅型の作品を見せてもらったりして過ごし、また近いうちに来ますとあいさつして、城間家《しろまけ》を後にしました。

芳太郎の頭の中で、「紅型」と「衰退《すいたい》」という言葉が交互《こうご》に浮《う》かんできます。

このまま放っておくわけにはいかないと思うのですが、なにをどうしたらいいのかわかりません。

城間家を出たときには、ひとりの愛好家として、紅型の衰退を不安に感じていたのですが、少しずつ考えを整理していきました。

紅型の歴史、技法、あつかわれた模様などについて詳細《しょうさい》に記述しておけば、いつか、だれかの役に立つのではと考えました。紅型の職人しか知らない染め方を、わかりやすく書き記した書物があれば、紅型を志す人には大いに役立つかもしれません。いや、それよりも、紅型《びんがた》そのものをきちんと記録しておけば、琉球《りゅうきゅう》王国が生んだ貴重な文化遺産として、歴史に残っていくはずだとも思います。

行く手になつかしい座間味家《ざまみけ》が見えてきました。

ツルに、紅型の研究をするつもりだと話す自分を想像しました。ツルがどんな表情を見せてくれるのか、楽しみでもありました。

座間味家は、芳太郎が下宿していたころのままでした。

「あやあ、ただいま」

「おかえり」

ふたりの再会は自然すぎて、一年もの間離《はな》れていたとは思えませんでした。

ツルは、芳太郎が自分のやりたいことのために沖縄《おきなわ》にもどってきたと知るなり、目を輝《かがや》かせました。

「ずっと教師をするのかなぁ、それでいいのかなぁって、思うときがあったのよ」

ツルがそんなふうに考えていたことを芳太郎はまったく気づきませんでした。ツルは、芳太郎が選んだ道が、沖縄に関係することだとわかると、目を細めて喜んでくれました。

さらに、今回は紅型の研究にも手をつけるつもりだし、そのきっかけはツルが見せてくれた紅型《びんがた》の着物だと告げると、ツルの喜びようはかくべつでした。

座間味家《ざまみけ》には数人の下宿人がいるため、芳太郎はすでに用意してくれている市役所の一室で寝起《ねお》きすることにしました。

芳太郎の研究への目を開かせてくれた麦門冬《ばくもんとう》にも会いました。

彼《かれ》は相変わらずの博識で、芳太郎の質問に快《こころよ》く応じてくれます。わからない質問に対しては、すぐに調べて教えてくれるのも、以前のままでした。

芳太郎はなつかしい友人たちに会いながら、連日歩き回りました。染織や工芸や絵画に関する古文書を書き写すことも忘れません。

そんなさなかに、伊東忠太《いとうちゅうた》がやってきました。

伊東は透明度《とうめいど》の高い沖縄《おきなわ》の海の色に感動して、その美しさを形容する言葉がないといいます。次に伊東の目を奪《うば》ったのは、赤瓦《あかがわら》の屋根が連なる町並みでした。家の軒先《のきさき》がかすかに反《そ》り上がっているのも、瓦《かわら》が白漆喰《しっくい》で固められているのもめずらしくて興味深いと、楽しそうでした。

伊東が行くところには芳太郎がついていきます。いくら関心があっても、芳太郎ひとりでは行けないところにも、大学教授である伊東ならばなんなく行けてしまいます。中でも、松山御殿《マチヤマウドゥン》への同行は芳太郎を舞《ま》い上がらせました。ツルの家からも近い松山御殿は、最後の琉球《りゅうきゅう》国王尚泰《しょうたい》の四男である尚順《しょうじゅん》の住まいで、苔《こけ》むす石垣《いしがき》と樹木に囲まれた広大な屋敷《やしき》でした。

尚順は教養人としても有名で、沖縄《おきなわ》にやってくる要人や芸術家を屋敷に招いて琉球料理でもてなし、王家に伝わる古来からの芸術品などを展示して、客の目を楽しませました。沖縄にとって大事な客を、私邸《してい》で接待していたのです。

伊東《いとう》は精力的に歩きました。専門の建築にはかくべつな興味を示しましたが、特に、くずれかけた古い建物や沖縄独特の建造物などはすぐに写真におさめます。

「自然災害で壊《こわ》れてしまうかもしれないからね」

伊東の言葉を聞きながら、芳太郎も写真で記録することのたいせつさを再認識します。ひと月ほど沖縄をたっぷりと堪能《たんのう》した伊東は、後を芳太郎に任せて、東京へ帰っていきました。

いよいよ、芳太郎の写真撮影《さつえい》の日々がはじまりました。

寺院、王家、旧家を訪ねて、建造物、仏具、絵画、工芸品、陶磁器《とうじき》などを撮影していきました。一年間の滞在《たいざい》中に、二千点近くの撮影をこなしたのです。紅型《びんがた》に関するものもたくさん撮影《さつえい》しています。

被写体《ひしゃたい》を前にしてカメラをのぞきこんでいると、研究の対象にしたいこれらの品々は沖縄《おきなわ》だけの財産ではなく、日本の、いや世界に誇《ほこ》る貴重な芸術品だと思わされます。

森《もり》に教えられた技術を駆使《くし》して、芳太郎はカメラのシャッターを切りつづけました。同時に、資料になるもので自分の小遣《こづか》いで買えるものは、次々に買い求めていきました。

芳太郎は、城間家《しろまけ》には何度も足を運んでいましたが、ある日、なかなか言い出せなかったことをやっと口にしました。

「あの、型紙を少しゆずっていただけないでしょうか？　もちろん、代金はお支払《しはら》いいたします」

しりすぼみに声が小さくなっていきます。

経済的に逼迫《ひっぱく》した城間家の役に立ちたいという強い思いもあったのですが、同時に、これから紅型《びんがた》の研究をしようとしている芳太郎には、型紙はなくてはならないものでした。

今ならまだ、染め物屋に古くからの型紙が数多く保存されていますが、このままずっと残されていくかどうかは疑問です。将来のことなどだれにもわかりません。型紙を購入《こうにゅう》しようと決心した芳太郎の胸の内には、型紙がなくなったらどうしようという漠然《ばくぜん》とした不安があったのです。

芳太郎の申し出に、栄松《えいしょう》は口を閉ざしてしまいました。無理もありません。紅型《びんがた》職人にとって、型紙は命のようなものです。

芳太郎は言葉を尽《つ》くして説得しました。

「本土でもこの紅型を知りたい人はたくさんいると思います。染織家や学者たちに、本物を見せてやりましょう」

ようやく栄松がうなずきました。栄松も衰退《すいたい》していく紅型の将来を芳太郎に託《たく》したいと考えるようになったのです。

こうして城間《しろま》家から三百点の型紙と裂地《きれじ》の一部をゆずりうけた芳太郎は、同様にして知念《ちねん》家と沢岻《たくし》家にもあたり、全部で千数百点の型紙や裂地を手にすることができました。

十一月も終わりになるころ、信じがたい訃報《ふほう》がとどきました。麦門冬《ばくもんとう》が那覇《なは》港内で水死したのです。なぜそうなったのか、知る人はいません。ただ、麦門冬が死んだことだけは確かでした。

芳太郎は呆然《ぼうぜん》としたまま、うつろに日々を過ごしました。彼《かれ》といっしょに歩いた散歩道へ行けば、今にもひょいっと現れてきそうです。まだやりたいことがいっぱいあったはず

垣根《かきね》にバラの模様の裂地《きれじ》。
（サントリー美術館蔵）

垣根にバラの模様の型紙。
（沖縄県立芸術大学附属図書·芸術資料館蔵）

です。無念だっただろうと気づいたとき、うなだれていた芳太郎の胸の中に緊張《きんちょう》が生まれました。

自分だって、明日のことはどうなるかわかりません。

(今できることをやらなければ……)

沖縄《おきなわ》での研究活動が再開されました。

芸術一般《いっぱん》についての資料集めや撮影《さつえい》に力を尽《つ》くすのは今までどおりですが、今や何物にもまして紅型《びんがた》に魅《み》せられた芳太郎は、時間を見つけては紅型の工房《こうぼう》を訪れて、染色の技法も伝授してもらいました。

一年間の滞在《たいざい》は多忙《たぼう》をきわめましたが、芳太郎には充足感《じゅうそくかん》がありました。特に紅型の制作については、小さな疑問も残さないように熱心に学びました。自分が紅型を手がけると想定して、最初から最後までひとりでできると確信がもてるところまでやりきったのでした。

一九二五年三月、東京に帰ってきた芳太郎《よしたろう》は、沖縄《おきなわ》で研究した事柄《ことがら》を整理してまとめ、次々に学術書や雑誌に発表していきました。伊東《いとう》とともにした活動は、沖縄の文化情報を発信する源泉となったのです。

もちかえった品々の展覧会や講演会も行いました。沖縄についての知識があまりなかった人たちの間で、沖縄の文化が少しずつ理解されながら関心を集めていく様子は、ふたりにとってとてもうれしいことでした。

やがて、芳太郎は沖縄について最もよく知る学者として知られるようになり、東京美術学校に籍《せき》をおいたまま、何度も沖縄へ調査旅行に出かけられるようになりました。

ほどなく、沖縄の芸術作品はあちこちで展示されるようになります。

芳太郎が東京にもどった二年後の一九二七年、沖縄に「沖縄工業指導所」が設置されて、漆器《しっき》や染色などの技術を伝授しながら販路《はんろ》の開拓《かいたく》指導も行われました。そのおかげでしょうか、東京や京都の百貨店で紅型《びんがた》の展覧会が次々と開催《かいさい》されていきました。

当初は、一部の人々に関心をもたれた程度でしたが、ほどなく、魅力《みりょく》的な染め物として多くの人々に受け入れられていきます。

それより少し前に、哲学者《てつがくしゃ》であり思想家でもある柳宗悦《やなぎむねよし》たちが民藝《みんげい》運動を起こします。名もない職人の手で作られた日常の生活道具の中には、美術品に負けないほどに美しいものがあると提唱したのです。紅型《びんがた》もその対象となり、日本民藝館《みんげいかん》で展覧会をしたり、雑誌『工藝《こうげい》』に沖縄《おきなわ》のすばらしさを発表したり、『琉球《りゅうきゅう》の民藝《みんげい》』などの映画を制作したりして、継続的《けいぞくてき》に沖縄の工芸について発信しつづけます。こうして、紅型は日本本土にも定着していきました。

一九三〇年、三十二歳《さい》になった芳太郎は、画家の山内静江《やまうちしずえ》と結婚《けっこん》しました。静江は紅型にひかれる芳太郎のよき理解者で、彼《かれ》が研究に打ちこめるよう支えてくれます。仕事にも家庭にも恵《めぐ》まれた芳太郎は、自分の手で紅型をやってみたいとの思いを深めていくのでした。

結婚して四年後、芳太郎は思わぬ人と思いがけない再会を果たします。なんと、座間味《ざまみ》ツルが東京で暮らしていたのです。それより数年前に、沖縄の座間味家は火事で全焼していて、ツルや家族の消息がわからないままだったのですが、ツルは長男が住む東京の家に移っていたのです。それも、芳太郎の家からそう遠くないところにです。

ツルは芳太郎の結婚を喜びました。

「家族ができて、ほんとうによかった」

「あやあ、仕事も順調ですよ」

それからの芳太郎は、足しげくツルを訪ねました。紅型《びんがた》研究者の第一人者と認知されつつある芳太郎は、相変わらず研究に没頭《ぼっとう》し、求められるまま紅型についての講演もしていました。

一九四一年十二月、太平洋戦争が勃発《ぼっぱつ》。戦争はいつ終わるとも知れず、日を追うごとに政府の管理がきびしくなって、教師は生徒に反戦の教育をしていないかなどの干渉《かんしょう》もひどくなる一方です。勤務先の東京美術学校は居心地《いごこち》が悪くなっていきました。

芳太郎は息苦しさを感じ、退職しようと決心しますが、その直前に、沖縄《おきなわ》で収集した大量の紅型型紙と記録しつづけた「鎌倉《かまくら》ノート」の一部を東京美術学校の文庫（資料室）に保管しました。戦時中のことです、いつ、なにが起こるかわかりません。少なくとも、家に保管するよりはずっと安全だと思ったのです。

四十五歳《さい》で職を辞した芳太郎は、自宅に大がかりな防空壕《ぼうくうごう》をつくって、多くの時間を壕《ごう》の中で過ごすようになりました。

五歳の娘《むすめ》は疎開《そかい》していますが、中学生の長男と先年よびよせた父と叔母《おば》をふくめて家族

沖縄《おきなわ》各地を歩き、琉球《りゅうきゅう》の芸術文化を詳細《しょうさい》に記録したノート81冊は、「鎌倉ノート」とよばれ、国の「重要文化財」に指定されている。

（沖縄県立芸術大学附属図書・芸術資料館蔵）

は五人になります。人だけでも手《て》ぜまなのに、そこに、内側にブリキを張った茶箱がいくつも陣取《じんど》っています。茶箱の中には、沖縄《おきなわ》で撮影《さつえい》した大量のガラス乾板《かんぱん》（ガラス板に写真乳剤《にゅうざい》を塗《ぬ》った感光材。フィルムの役割をする）が、ていねいにおさめられていました。

静江《しずえ》がせまい防空壕《ぼうくうごう》の中を、体をねじるようにして、掃除《そうじ》しています。

「悪いね。荷物が多くて」

「いいえ。どんなにたいせつなものか知っています。あなた個人のものではないとお思いなのでしょ？　後の世に残さなければならないってお考えなのでしょ？」

自分の仕事をよく理解してくれている妻に頭が下がりました。

一九四五年三月十日、東京はアメリカ軍爆撃機《ばくげきき》による大空襲《だいくうしゅう》を受けました。死者十万人ともいわれるこの空襲《くうしゅう》からは運よくのがれられましたが、ほっとしたのもつかの間、五月二十五日の深夜からはじまった空襲で、ついに、芳太郎の家も全焼してしまいました。三千冊の蔵書と論文のために書きためていた原稿《げんこう》はすべて失われてしまいましたが、幸いにも防空壕のガラス乾板《かんぱん》は、ほとんどが無傷のまま残りました。

そのころ、沖縄にはすでにアメリカ軍が上陸していて、壮絶《そうぜつ》な戦場になっていました。かつての王家の継承者《けいしょうしゃ》である尚順《しょうじゅん》も、守る人もいない中で壕《ごう》に逃《に》げこみ、妻にみとられながら衰弱死《すいじゃくし》しました。本土からの来客にごちそうを振《ふ》るまった彼《かれ》が最期《さいご》に口にしたのは、泥《どろ》まみれのヨモギだったということです。

一九四五年八月十五日、日本が無条件降伏《こうふく》して、終戦になりました。

芳太郎は焼けた自宅の跡《あと》に、廃材《はいざい》を集めてバラックを建てて住居とし、長年取り組んでいる琉球《りゅうきゅう》芸術調査のまとめに取りかかりました。

このころになってやっと、沖縄《おきなわ》戦がどんなに悲惨《ひさん》だったかがわかり、美しさに興奮して見つめた建物も美術工芸品もすべてが焼きつくされたと知ったのです。芳太郎が愕然《がくぜん》としたのはいうまでもありません。

破壊《はかい》された沖縄の美しさを、人々の記憶《きおく》からなくすことはできません。自分には、きちんと伝えて後世に残すことができるかもしれないと思うと、悲しんでばかりもいられませんでした。幸いなことに、東京美術学校に保管した型紙や「鎌倉《かまくら》ノート」は全部無事でした。

戦後のきびしい生活を強《し》いられた日本の人々は、生きていくことに必死で、気持ちはすさんでいく一方でした。

(気持ちに潤《うるお》いがなくては……)

芳太郎の目に浮《う》かぶのは、紅型《びんがた》の美しい染め物です。思いっきり大胆《だいたん》にデザインされた紅型《びんがた》を見たら、気持ちが晴れやかになりそうです。混じりけのない青や黄色や白などの色使いは、見た人を驚《おどろ》かせた後、気分をすっきりさせるかもしれません。

そうした思いの日々の中で、芳太郎は、自分の手で見る人の心にとどくような紅型が作れたら、どんなによいだろうと考えるようになりました。

一九五三年の春、五十四歳《さい》になった芳太郎のもとに、沖縄《おきなわ》からの使者が訪ねてきました。

「大嶺政寛《おおみねせいかん》と申します。画家をやっております」

大嶺は戦後の沖縄で、芸術家や工芸職人たちとグループを作り、芸術復興のために努力していました。

「紅型のために来ました。型紙を貸してください」

大嶺は、深々《ふかぶか》と頭を下げました。

沖縄戦でなにもかも破壊《はかい》されたが、紅型はよみがえりそうだというのです。聞けば、城間栄松《しろまえいしょう》の長男の栄喜《えいき》が、親の跡《あと》を継《つ》いで紅型の工房《こうぼう》を立ち上げたとか。染めに必要な道具は廃品《はいひん》を使って作り、染料や顔料もなんとか調達できるが、型紙がなくて困っている、といいます。

芳太郎は、沖縄で型紙を収集しておいてよかった、それらを東京美術学校に保管しておいてよかったと、つくづく思いました。

「沖縄《おきなわ》のお役に立てるなら、どうぞお使いください」

芳太郎が百点ほどの型紙を大嶺《おおみね》にわたすと、大嶺は複写した後に、もとの型紙はそっくり芳太郎に返しました。

「ありがとうございました。助かります」

大嶺はまたしても深々《ふかぶか》とおじぎをします。

芳太郎は大嶺の背中を見つめながら、受け取った型紙を「もちかえってください」といいたくて、しかたありませんでした。しかし、型紙が収集できたのは、沖縄での調査研究を援助《えんじょ》してくれた啓明会《けいめいかい》のおかげです。どう考えても、自分ひとりの持ち物だとは思えませんでした。

（いや、勝手なことをしてはいけない）

では、失礼します、と帰っていく大嶺の後ろ姿が見えなくなるまで、外に立って見送りました。

大嶺が複写した昔の型紙を手にした紅型《びんがた》職人たちは、その型紙のすばらしさを痛感し、この先の復興に古い型紙はなくてならない大事なものだと話しあいました。型紙は自分たちの手本となって導いてくれるだろうと、期待したのです。

古い型紙は職人たちを刺激《しげき》し、復興への熱意をかきたててやみません。すばらしさがわかればわかるほど、もっとほしいとねがうようになります。そして、一九五六年、紅型《びんがた》に関わる人たちは琉球《りゅうきゅう》政府を動かして、千数百点の型紙を所蔵する芳太郎に、一部を返還《へんかん》してほしいと要望しました。

芳太郎は六百点を現地に返還し、送られてきた代金はすべて啓明会《けいめいかい》に寄付しました。さらに数年後、芳太郎はかなりの数の型紙、染織品、工芸品などを、沖縄《おきなわ》に寄付しました。

そのころ、芳太郎は『琉球紅型』の発行に向けての作業に取りかかっていました。紅型型紙のデザインをいろいろな顔料を使って和紙に再現し、手彩色《てさいしき》で染めたものをまとめて本にするのです。彩色は静江《しずえ》が手伝ってくれ、ふたりの共同作業になりました。

『琉球紅型』は、染織家などの専門家に向けた本で、八十部限定、しかも非常に高価でしたが、よく売れました。芳太郎は本の解説文に「琉球紅型のもつ本質美を紹介《しょうかい》することは、私にあたえられた大きな義務であると信じる」と書きそえました。

『琉球紅型』は沖縄でも話題になり、新聞『琉球新報』のインタビューを受けました。

インタビューを終えた後、記者のいったひと言が忘れられません。

「こんなにアクセントの美しい首里《しゅり》言葉を話されるとは、驚《おどろ》きました」

ツルに教えてもらった首里言葉は、いろいろな場面で芳太郎を支えてくれています。

その座間味《ざまみ》ツルは、一九五五年に八十四歳《さい》の生涯《しょうがい》を閉じていました。父も叔母《おば》もすでにあの世に旅立っていた芳太郎にとって、自分を見守ってくれた人々はもうだれもいなくなったのです。

和紙で紅型《びんがた》の再現を成功させた芳太郎は、友人でもある日本画家の杉山寧《すぎやまやすし》の妻に、実際に着物を作ってはどうかと勧《すす》められ、ついに着物を手がけます。

紅型の知識はじゅうぶんにありますし、技法もすでに身についていました。なにより、古来から戦前までのすぐれた紅型をぞんぶんに見ている芳太郎です。染料の分析《ぶんせき》もしています。それなのに、いざ本番となると、布への染色はなかなか思うようにいきませんでした。しかし、静江《しずえ》に助けられながら試作を繰《く》り返し、「琉球紅型中山風景文長着《りゅうきゅうびんがたちゅうざんふうけいもんながぎ》」を仕上げました。周りの人の勧《すす》めで、一九五八年の日本伝統工芸展に出品すると、なんと、見事に入選を果たしました。芳太郎が六十歳のときです。

六十代の芳太郎は、意欲的に紅型の制作をつづけました。染色のかたわら、紅型に関係した書籍《しょせき》も継続《けいぞく》して刊行しました。これらの本は、沖縄《おきなわ》の染色家たちの教科書になり、どれほど感謝されたかしれません。

染色をつづけるうちに、芳太郎の作品は微妙《びみょう》に沖縄の紅型《びんがた》から離《はな》れていき、芳太郎独自の染色に変化していきました。原色に近い色使いは大和絵《やまとえ》（平安時代に確立した伝統的絵画様式。日本画ともいう）ふうになり、シンプルな型の線も、いくぶんやわらかくなっています。紅型の名前を使うのがいいかどうか悩《なや》んだ芳太郎は、以後「型絵染《かたえぞめ》」とよぶようになります。

芳太郎は染色だけでなく織物の研究もしていて、いつの間にか染織家とよばれるようになっていました。そのころ、沖縄では文化財の復興運動が高まっていました。ほうぼうから芳太郎に来てほしいとの要望がとどきましたが、戦争でなにもかもを失い、終戦直後は砂漠《さばく》のようだともいわれた沖縄に出向く気になれませんでした。芳太郎にとって、思い出の沖縄は、緑豊かで美しいものに囲まれた場所でしたから。

沖縄に日本本土復帰のめどが立つと、一九五三年に建設された琉球《りゅうきゅう》政府立博物館（現在の沖縄県立博物館）で、日本の古美術をあつかった大がかりな展覧会が開催《かいさい》されました。一九七一年三月から四月にかけてのことです。この展覧会の関連イベントとして講演会が

「型絵《かたえ》段染《だんぞめ》山水文《さんすいもん》上布《じょうふ》長着《ながぎ》」鎌倉芳太郎は、琉球《りゅうきゅう》の紅型《びんがた》の様式をもとに大和絵《やまとえ》ふうの表現で、独自の型絵染《かたえぞめ》作品を創作していった。　（香川県立ミュージアム蔵）

企画《きかく》され、博物館と共催《きょうさい》のサントリー美術館からぜひ沖縄で講演をしてほしいとたのまれました。

変わりはてた沖縄を見る勇気がなかった芳太郎ですが、沖縄の役に立てるならと講師を引き受けました。

一九七一年、はじめて沖縄《おきなわ》を訪問してから五十年が過ぎた四月、那覇《なは》空港に降り立ちました。かつて船で訪れたことがなつかしく思い出されます。

無事に講演を終えた後、関係者と雑談をしているときです。

博物館のメンバーが、ふーとため息をついて低い声でいいました。

「なにもかもがなくなって、戦前の沖縄の様子がわからないのです。首里城《しゅりじょう》をはじめお寺や琉球《りゅうきゅう》王国時代の工芸品などを写した写真すら一枚もないのです」

「えっ、写真ですか？　それならあります。ガラス乾板《かんぱん》が残っているはずです」

同席した人々は、一瞬《いっしゅん》、何事かと思ったようです。説明を聞いた人々から歓声《かんせい》が上がりました。そして、サントリー美術館の全面的な支援《しえん》を受けて、写真がよみがえることになります。

一九七二年、本土復帰の年に沖縄と東京で芳太郎が撮影《さつえい》した写真の展覧会が催《もよお》されました。写真があったこと自体驚《おどろ》きですが、その写真の出来栄《できば》えは専門家をして「すごい」といわせるほどのものでした。幼いころから画家になりたかった芳太郎です。構図には絵を描《か》くときの視点もありました。

芳太郎は、その後も染織家として制作をつづけ、数々の賞を受賞し、一九七三年には「型絵染《かたえぞめ》」の重要無形文化財保持者（人間国宝）に認定されました。沖縄《おきなわ》に伝承される紅《びん》型《がた》の調査や研究を行い、伝統的染めの技法を受け継《つ》いでいることが評価されたのですが、それはわが国の型絵染の分野にあって貴重な存在であることを意味していました。

沖縄に魅了《みりょう》された鎌倉芳太郎は、染色作品のほかにたくさんの著書を残して、一九八三年八月三日に八十四歳《さい》の生涯《しょうがい》を閉じました。

沖縄戦で破壊《はかい》された首里城《しゅりじょう》は、一九九二年に復元されましたが、芳太郎が残した写真を参考にした成果でした。さらに、芳太郎の死から十七年後の二〇〇〇年に、琉球《りゅうきゅう》王国のグスク及《およ》び関連遺産群として、首里城跡《あと》は世界遺産に登録されました。

芳太郎が染織家として活躍《かつやく》する様子を、沖縄でじっと見守る人がいました。若き日の芳太郎が紅型の調査に訪れたことを、父親から聞いてもいます。戦後、芳太郎からゆずられ

1992年に復元された首里城正殿《しゅりじょうせいでん》。

た型紙があったからこそ紅型《びんがた》を復興させることができたと、感謝していました。紅型宗家《そうけ》城間家《しろまけ》十四代の城間栄喜《えいき》です。

戦災で、紅型を作るのに必要な道具も型紙もいっさいが焼失した中、城間栄喜は、焼け跡《あと》から紅型の道具を作り出し、伝統の紅型を再生させたのです。

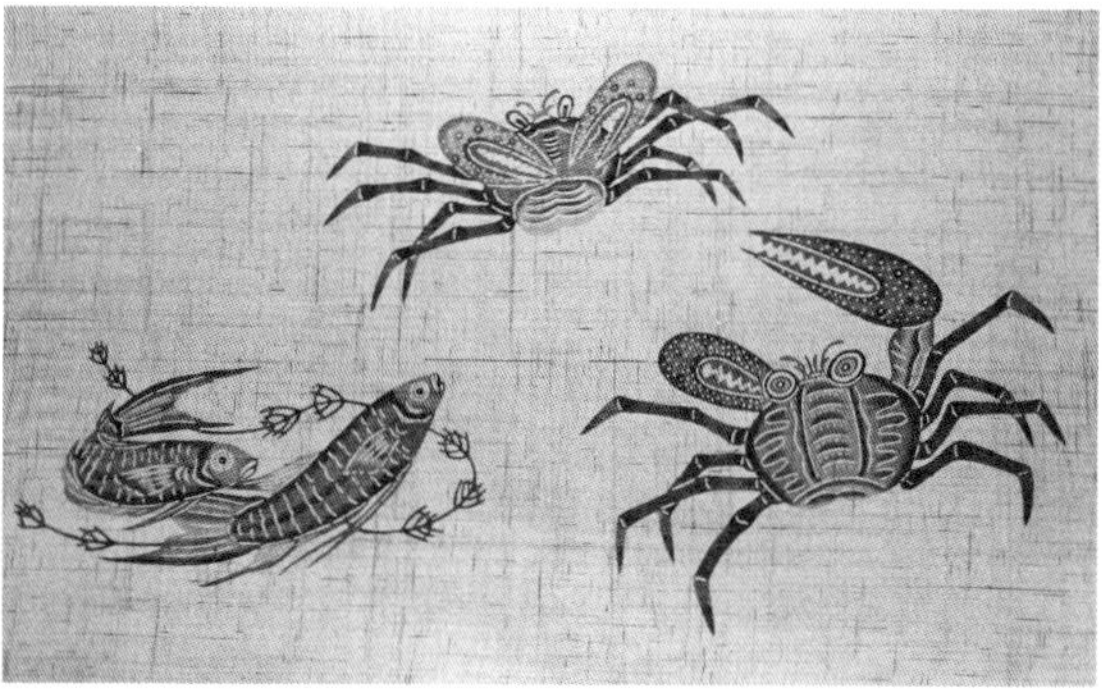

沖縄《おきなわ》らしい城間《しろま》栄喜《えいき》の新しい紅型。（城間びんがた工房蔵）

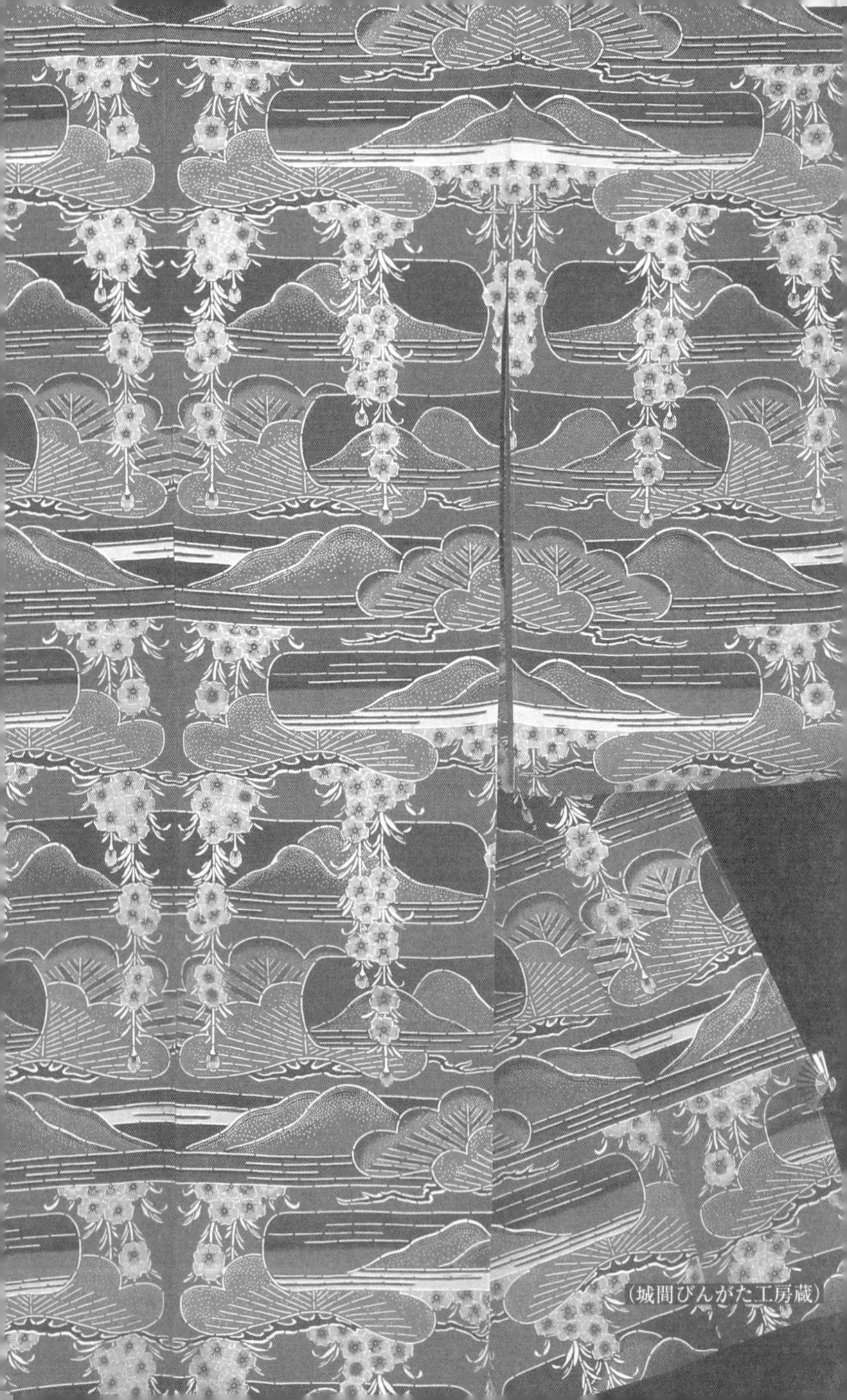

（城間びんがた工房蔵）

四章　よみがえる紅型《びんがた》

【城間《しろま》栄喜《えいき》】1908–1992

紅型宗家《そうけ》、城間家の十四代を継《つ》いだ城間栄喜は、貧しいながらも、紅型制作に励《はげ》みました。太平洋戦争の沖縄戦で妻と幼い子を失いますが、紅型を再生するため、焼け跡《あと》の廃品《はいひん》の中から染色の道具を作り上げ、賛同者の支えもあって、伝統の紅型を復興させました。

紅型宗家《びんがたそうけ》に生まれて

一八七一年に、明治政府は今までの藩《はん》を廃止《はいし》して県や府とし、地方統治を中央が管理する廃藩置県《はいはんちけん》を行いました。

琉球《りゅうきゅう》王国に関しては、鹿児島県《かごしまけん》に編入されましたが、翌一八七二年には鹿児島県と切り離《はな》され琉球藩が設置されます。国王だった尚泰《しょうたい》が藩主《はんしゅ》としてとりおこなう行政でしたから、事実上琉球王国時代同様の政治体制でした。尚泰は、今までどおり清《しん》との冊封《さくほう》や貢《みつ》ぎ物《もの》の関係を継続《けいぞく》しようとしましたが、明治政府はこれを禁じ、一八七九年、軍隊を派遣《はけん》して王城を占拠《せんきょ》し廃藩置県を行い、沖縄県《おきなわけん》を設置します。尚泰は東京に移住させられ、琉球王国は滅亡《めつぼう》しました。

琉球王国時代に王家によって支えられていた紅型は、王国の解体とともに常連の客をなくしたばかりか、作ることの意味さえも失いかけていました。王族がいなければ、紅型の需要《じゅよう》は極端《きょくたん》に減るからです。紅型の制作者が首里城の近くに住む必要もありません。

城間家はかつて沢岻《たくし》家《け》や知念《ちねん》家《け》などとともに紅型《びんがた》の三大宗家《そうけ》として名声を博していましたが、那覇《なは》に移ることになり、それからは生活にも事欠くようになってしまいました。

そんな紅型の不遇《ふぐう》時代の一九〇八年に、栄喜《えいき》は紺屋《クンヤ》（染め物屋）、十三代城間栄松《えいしょう》の長男として誕生しました。

政府は産業の機械化を進め、沖縄《おきなわ》には機械染めの安い染め物が本土から大量に送りこまれてくるようになりました。琉球《りゅうきゅう》の伝統文化をないがしろにして日本の文化を推進しようとしていましたから、日本の着物が多くもちいられるようになり、紅型は廃《すた》れていく一方でした。

時代は明治から大正になりましたが、紅型の生産は相変わらず恵《めぐ》まれないままでした。

栄喜は元気な子で、病気もせずにすくすくと育っていました。

幼い栄喜が父親の仕事場へ行くと、父親は決まってうれしそうに語りかけます。

「栄喜、紅型はご先祖さまからあずかったたいせつな仕事なんだよ。大きくなったら、おまえもやっておくれ」

なんのことかわからないまま、栄喜は「はい」とこたえるのがつねでした。

家の周りは緑におおわれています。イトバショウの大きな葉が風にゆれ、高く伸《の》びたフクギは小判形の厚い葉を茂《しげ》らせています。イトバショウはその繊維《せんい》を使って芭蕉布《ばしょうふ》という独特の布地を織ることができます。フクギは強風から家を守るために植えられていますが、その木の皮からは、紅型《びんがた》に使用する黄色い染料がとれました。

栄喜が六歳《さい》になったとき、弟の真津《まつう》が生まれました。栄喜は家の内外でいたずらをしては母を困らせるほど活発な子どもでした。

真津が小学生なると、父はふたりの帰宅を心待ちにして、作業を手伝わせました。ふたりにできるのはかんたんな色差しです。型紙から布に写した模様のひとつひとつに色をつけていくのです。

ふたりの目の前には、鮮《あざ》やかな顔料の入った容器が七つほどならんでいました。顔料は、水に浸《ひた》した大豆を引きつぶして乳状にした豆汁《ごじる》でといてあります。こうすることで、顔料を布に固着することができます。

ふたりは色差し用の刷毛《はけ》で、模様に色を差していきます。赤系からはじめて、黄色、青を差し、藍色《あいいろ》や黒といった濃《こ》い色は最後にします。

仕事を手伝いながら、栄喜はときどき自分の差した色の美しさに見とれました。

「なんてきれいなんだろう」

父親が仕事の手を休めずにうなずきます。

「顔料だから色がはっきりしているんだよ。それと、配色がいいから、ますます色が際立《きわだ》つんだ」

「そうなんだ……」

こたえながら、栄喜はさっき色を差した花をじっと見つめました。

父が手を止めて、栄喜のほうに顔を向けました。

「どうした？」

「この花、見たことないよ。沖縄《おきなわ》のどこに咲《さ》いているの？」

五枚の花びらに桃色《ももいろ》を差したばかりです。

「栄喜、よく気がついたね。これは桜といって、日本の本土で咲く花なんだ」

父の説明で、栄喜は、紅型《びんがた》に使われる絵柄《えがら》のほとんどは、日本本土や中国のものだと知りました。沖縄は古くから中国や日本との交流が盛んだったために、紅型の模様に使えそうな素材は積極的に取り入れたようです。図案化した梅、藤《ふじ》、菊《きく》などの花や雪も、本来沖縄に存在するものではありませんでした。日本の友禅染《ゆうぜんぞ》めに影響《えいきょう》された部分もありますが、同じ素材でも、紅型では驚《おどろ》くほど大胆《だいたん》にデザインされています。

紅型《びんがた》の模様の多くは、日本の友禅《ゆうぜん》染《ぞ》めから取り入れられている。本来、沖縄《おきなわ》にはない植物や雪などを大胆《だいたん》にデザインしている。上の写真は桜と藤《ふじ》、右上は雪輪《せつわ》(雪の結晶)、右下は萩《はぎ》と梅と菊《きく》を図案化している。

(左上:城間びんがた工房蔵)
(右上下:那覇市歴史博物館蔵)

栄喜は十三歳《さい》のとき、父の借金を返済するために七年もの間石垣島《いしがきじま》で働きました。弟の真津《まつう》も、同様に働きに出ました。

やっと返済が終わって栄喜が家にもどると、父は病気で寝《ね》こんでいましたが、仕事場には、紅型《びんがた》の道具がきれいに整理されていました。

「ただいま」

栄喜は思わず、道具たちに頭を下げていました。まるで自分の帰りをじっと待っていてくれたように感じたのです。

家にいたころ、作業場で過ごした時間が思い出されます。豆汁《ごじる》のにおいも、色差しの刷《は》毛《け》もただなつかしくて、自分のいるべき場所にもどれたことを実感しました。

父はふたりの子どもを働きに出した後も、極貧《ごくひん》の中で紅型制作をつづけていたことを、栄喜は知っています。紅型にこだわりつづけた父の気持ちが、少しだけわかるような気がしました。

自分のあるべき場所を確信した栄喜は、迷わずに父の跡《あと》を継《つ》ぐ決心をしました。

産業の機械化で漆器《しっき》、陶器《とうき》、織物などは盛んに生産されていきますが、紅型は窮地《きゅうち》に追いこまれていました。

紅型《びんがた》の三大宗家《そうけ》のひとつである沢紙家《たくしけ》一族はすでに廃業《はいぎょう》していて、知念家《ちねんけ》と城間家の一族の中でも、紅型制作をつづけている人はわずかになっていました。

日本各地の伝統的な手仕事も同じような状況《じょうきょう》でした。機械による大量生産で安価な商品が出回って大打撃《だげき》を受けていましたが、本土の芸術家や学者の中には伝統工芸のたいせつさを訴《うった》える人もいて、沖縄《おきなわ》の伝統産業を支えようとする人もいました。鎌倉芳太郎《かまくらよしたろう》もそのひとりで、紅型の調査と研究を進めながら、型紙の収集にも熱心でした。父の栄松《えいしょう》がまだ元気だったころ、強く求められて、一度だけ型紙をゆずったことがあるそうです。

帰宅した栄喜が気がかりだったのは、徴兵《ちょうへい》検査でした。兵隊に適しているかどうかを判断するために行われた身体などの検査です。幸いなことに、身長が足りずに不合格でした。

栄喜が紅型職人になると知った父は、病を押《お》して作業場に出ると、栄喜に教えていきました。

父はひとつひとつの工程をていねいに、時には手本を示しながら栄喜に教えこんでいきます。病は重くなる一方で、何日も寝《ね》たきりになったりしますが、少しでも具合がいいと、仕事場に来ては栄喜の作業を見つめていました。

型染めのほかにも、ふろしきなどを染める筒描《つつが》きの技法も伝授します。

筒《つつ》描《が》きで染められた城間栄喜作のふろしき。糊袋《のりぶくろ》に入れた糊を絞《しぼ》り押《お》し出しながら模様を描《えが》いていく技法。　（城間びんがた工房蔵）

「筒描《つつが》きに大事なのは、線の勢いだぞ」

父の声は、言葉とは裏腹に勢いを失い、無理をして絞《しぼ》り出しているようでした。

日ごとに病気が悪くなっていくのを心配した近所の人たちが、栄喜にささやきます。

「型紙を売って、医者代にしたらどう？　城間家の型紙なら、きっと高く売れるはず。元気になれば、型紙はいつでも作れるでしょう」

こんなふうにいわれるのも、一度や二度ではありませんでした。

那覇《なは》の古着屋には、紅型《びんがた》の衣装がならんでいて、沖縄《おきなわ》文化の研究にやって来た人たちは、喜んで買い集めていきました。紅型に関心のある人なら、型紙にも興味があります。型紙をほしがる人もたくさんいました。

以前、城間家の型紙を買いたいと、家まで訪ねてきた人が何人もいました。そのときの父とのやりとりを、栄喜ははっきりと覚えていました。

いくらでもいいから売ってほしいという客に、父はきっぱりと断りました。

「これは先祖の魂《たましい》なのです。それに、わたしのものではありません。次の時代を引き継《つ》いでいく栄喜たちのものなのです」

静かだけれど、ゆるぎのない父の言葉は、栄喜の胸に深くきざまれました。

先祖から受け継《つ》いだ型紙は、栄喜個人のものではないばかりか、栄喜が作った新しい型紙もまた先祖のものといっしょに、次の世代に引きわたしていくということに、栄喜は壮《そう》大《だい》な時間の流れを感じました。自分の作る紅型《びんがた》が、自分の存在を超《こ》えていくのかと思ったとき、からだがぶるっとふるえました。緊張《きんちょう》のあまり、息苦しいほどでした。紅型は尊い仕事だと、栄喜もようやく気づいたのでした。

栄松《えいしょう》は少しでも気分がいいと、すぐに作業場に来ました。

「さあ、はじめよう」

紅型は、下絵を描《か》くことからはじまります。その模様は、中国や日本の動植物や風景がよく使われますが、これは、琉球王国《りゅうきゅう》時代に交流が盛んだったからだといわれています。また、紅型の模様は、日本のように見たままの姿を写すのではなく、大胆《だいたん》にデフォルメされます。これは紅型の大きな特徴《とくちょう》です。一枚の型紙の中に、春、夏、秋、冬の風物がいっしょに描《えが》かれるのも際立《きわだ》った特徴です。四季を区別しにくい沖縄《おきなわ》で作られるからでしょう。

父の指導がつづきます。

下絵ができると型紙を作り、いよいよ着色の準備にかかります。地張りといって無地の布を動かないように糊《のり》で長板に張りつけます。次は型置きです。型紙を布の左はしにのせると、糊を型紙の上からへらで伸《の》ばしながら塗《ぬ》って、布に型紙の模様を写しとっていきます。糊がおかれたところは染まらず、残りの模様の部分に色がつけられます。それがすむと、型紙を左はしからそっとはいで右に移し、また糊をおいていきます。

仕事場は緊張感《きんちょうかん》に包まれていました。教える父も教えられる栄喜も、ふたりの間にあまり時間がないことを知っていました。

時として、疲《つか》れきって仕事場にすわりこんでしまう父でしたが、それでもなお教えるのです。

「栄喜、どんなことがあっても、色をごまかしたらいかん。ごまかすことがいちばんいけないことだ」

顔料や染料の選び方、使い方、配色については、特にきびしく繰《く》り返し教えました。

紅型《びんがた》で着物一着分（一反）を染めるのに、模様にもよりますが、およそひと月かかりました。

紅型の技術を身につけたいと熱心に努力している栄喜に、父は感心しながらも、ひと言注意します。

「栄喜、技術はとても大事だ。でも、心をこめてやることを忘れてはいけない」

父の言葉のひとつひとつが、栄喜の胸にしっかりときざまれていきました。

父栄松《えいしょう》は必死に守り通してきた紅型《びんがた》の技法を栄喜に託《たく》すと、一九二八年の十二月に七十四歳《さい》の生涯《しょうがい》を閉じました。

栄喜は城間家十四代目として紅型の工房《こうぼう》を受け継《つ》ぎます。そして、父が残してくれた数々の見本をたよりに制作に励《はげ》んでいきました。時間をかけてじっくりと、紅型技法のひとつひとつを、確実に自分のものにしていったのです。

栄喜は時として、自分の手で染めあげた紅型に、うっとりと見とれてしまうことがあります。だれが作ったかなどということは意識の外にあって、ただ、手にしている紅型の美しさに魅了《みりょう》されているのです。

ぬけるように澄《す》んだ色彩《しきさい》や、強く勢いのある線は、作り手の栄喜自身にも、力や勇気をもたらしてくれます。色使いにごまかしがないかどうかも、つねに気になります。自分が染めたかった色になっているかどうか。想像したとおりの色にするのがむずかしくて、どこかで手をぬいてごまかさなかったかどうか。父の教えを思い出してはきびしく確認します。

自分が作り出した作品に、心の内をさぐられたり、教えられたりしていることを不思議とも思わないで、栄喜は長い間、作品と心を通わせているのでした。

栄喜は少しでもお金に余裕《よゆう》ができると布や顔料を買いこみ、注文の仕事のほかに、自分の作品を作りました。技術をみがき、父から受け継《つ》いだ伝統をしっかり身につけるためには、注文の仕事だけでは足りなかったのです。

一生懸命《いっしょうけんめい》に紅型《びんがた》を制作している栄喜の仕事ぶりに関心をよせる女性が現れました。近所に住む饒波《のは》ウシです。やがてふたりは結婚《けっこん》し、栄喜は思いきって首里《しゅり》の山川《やまかわ》に引《ひ》っ越《こ》しました。一八八四年に父の栄松《えいしょう》が首里から那覇《なは》に越してきて以来、四十四年ぶりのことでした。首里は紅型を染めつづけてきた先祖の地です。紅型に寄せる栄喜の強い決心の表れでした。

ふたりは三男一女の子どもに恵《めぐ》まれます。家庭は幸せそのものでしたが、仕事は依頼《いらい》が少なくて、生活は楽ではありませんでした。

一九三八年、本土から、民藝《みんげい》運動を起こした柳宗悦《やなぎむねよし》をはじめ陶芸家《とうげいか》の河井寛次郎《かわいかんじろう》と浜田《はまだ》庄司《しょうじ》が沖縄《おきなわ》にやって来ました。柳《やなぎ》たちは無名の職人たちが作った日常の生活雑器に深い関心をもち、すぐれた作品の中には実用品であるとともに美しい工芸品であるものもあり、よくできた手作りの工芸品を集めては、東京の日本民藝館《みんげいかん》に展示したり、雑誌『工藝《こうげい》』で紹介《しょうかい》したりしています。

はじめて沖縄《おきなわ》の工芸品にふれた柳《やなぎ》たちは、紅型《びんがた》をはじめとする伝統工芸品にとても感動し、沖縄の手仕事を紹介して絶賛したのです。すばらしい作品が散逸《さんいつ》しないようにと、柳《やなぎ》宗悦《むねよし》は私財をなげうって収集したりもしました。

柳たちの民藝《みんげい》運動は、しだいに多くの賛同者を得ることとなり、沖縄の美術工芸品が見直されるようになりました。

やがて、本土から紅型の注文が入りはじめました。民藝運動の影響《えいきょう》です。栄喜はひさしぶりに、お金のことを心配せずに、思いっきり紅型に腕《うで》を振《ふ》るうことができました。

同じころ、頻繁《ひんぱん》に栄喜の作業場を訪れる人がいました。大阪《おおさか》の柳田米次郎《やなぎだよねじろう》です。柳田は大阪商船《おおさかしょうせん》「浮島丸《うきしままる》」の無線局長でしたが、栄喜の紅型に関心をいだき、那覇《なは》港に着くたびに訪ねてきていました。二十歳《さい》年上の柳田は、紅型のよき理解者からいつの間にか栄喜の父親のような存在になっていました。

「城間くんの仕事は実にすばらしい。今のようによい仕事をつづけていたら、きっといつか世間でも評価されるよ」

栄喜は、柳田《やなぎだ》に励《はげ》まされると、からだの底から力がわいてくるようでした。

戦争へ

しかし、よいことは長くつづきませんでした。一九四一年、日本は太平洋戦争に突入《とつにゅう》して、沖縄《おきなわ》でも日々物資が不足していきました。すべてが配給制になり、布はもちろんのこと、ついに顔料も手に入らなくなってしまいました。

途方《とほう》に暮れた栄喜《えいき》の耳に、人々のうわさ話が聞こえてきました。

「本土の大阪《おおさか》には、いい染料がいくらでもあるらしい。顔料も、ほしいだけ買えるみたいだ」

この話を聞いた栄喜は、もう、居ても立ってもいられません。

大阪へ行きたいといいだした栄喜を、妻のウシが引きとめます。

「戦争中ですよ。乗った船が、いつアメリカの潜水艦《せんすいかん》におそわれるかわかりません」

いくら妻が反対しても、栄喜の決心はゆらぎませんでした。紅型《びんがた》を作るのに、顔料が無くては、手も足も出ません。なんとしてでも顔料がほしいと思いました。

けれど、本土へ行く大型の船は国が管理するようになっていて、一般人《いっぱんじん》の乗船はむずかしくなっています。

栄喜がやっと乗船券を手に入れたのは、翌一九四二年の夏でした。大事な型紙五十枚とともに大阪《おおさか》へと旅立つ栄喜を、庭先で三男の博《ひろし》を背負った妻のウシが見送ります。ウシの両側には長男の栄順《えいじゅん》と次男の真勝《しんかつ》が立ち、長女の道子《みちこ》はウシの前にいました。栄喜はみんなに「すぐに帰ってくるから」といいおいて、港に向かいました。

大阪には柳田《やなぎだ》が住んでいます。型紙を用意したのは、柳田から、いつか本土の知人たちに紅型《びんがた》の講習会をやってほしいといわれていたのを思い出したからです。もっとも、栄喜にとって型紙は命と同じように大事なもの。つねにそばにおいておきたい気持ちもありました。

無事大阪に着いた栄喜は、柳田の家に身を寄せました。そして、本土に行ったらかならず訪れたいと思っていた奈良《なら》へ足を運びました。日本の伝統美術にふれたかったのです。法隆寺《ほうりゅうじ》、中宮寺《ちゅうぐうじ》、法輪寺《ほうりんじ》など、聖徳太子《しょうとくたいし》にゆかりのある寺の壁画《へきが》や仏像を食い入るように見つめました。仏教美術を目《ま》の当たりにした栄喜のからだを、熱いものがつらぬいていきます。

「すばらしい」

何度となく、口をついて出てくる言葉はこのひと言です。

崇高《すうこう》な美しさに圧倒《あっとう》されるばかりでした。

感動に震《ふる》えていた栄喜でしたが、やがて心が静まると、今度は穴に入ってしまいたいようなはずかしさにおそわれました。自分の仕事の未熟さが、完成度の高い作品群を通してくっきりと浮《う》かび上がってきます。手先の技術だけでなく、作品にこめた思いの深さも、自分の作品にはまだまだ足りません。

栄喜はこのときの衝撃《しょうげき》を生涯《しょうがい》忘れることはありませんでした。

大阪《おおさか》では、布も顔料も考えられないほどかんたんに手に入りました。しかし、買いこんでも沖縄《おきなわ》に帰ることはできませんでした。当時の政府は国民を強制的に動員し、一定の業務に従事させる徴用令《ちょうようれい》を発令していたのですが、栄喜も徴用されて、兵庫県《ひょうごけん》の尼崎《あまがさき》の軍事工場で働かなくてはならなくなったのです。

戦争ははげしくなる一方です。

栄喜は日本本土に足止めされたまま、今度は召集《しょうしゅう》令状を受けることになります。軍隊に強制的に集める命令書です。兵役につかなければなりません。結局、長崎県《ながさきけん》の佐世保《させぼ》航空隊に入隊することになりました。

一九四四年、三十六歳《さい》の栄喜は、たいせつな型紙五十枚を柳田《やなぎだ》にあずけると、佐世保《させぼ》に向けて大阪《おおさか》をたちました。

その年の夏には、九万人以上の日本兵が沖縄《おきなわ》に入りました。学校の校舎は兵隊たちの兵舎に変わり、民家にも兵士たちが泊《と》まりこむようになりました。収穫《しゅうかく》した農作物は軍隊に納めなければならず、食糧《しょくりょう》不足は日ごとに深刻になっていきました。

同年、十月十日の朝七時でした。アメリカ軍の飛行機約五百機が、沖縄を空からおそいました。高台にある首里《しゅり》からは、炎上《えんじょう》する那覇《なは》の市内がよく見えました。この空襲《くうしゅう》で、那覇市街地の九十パーセントが焼け、七百人以上の住人が亡《な》くなっています。

軍隊にいる栄喜は、沖縄のことが心配でなりません。軍部はどこそこで勝利したなどと、日本にとって都合のいいことばかり報道しています。沖縄が戦場になっていることさえも、一般《いっぱん》の人たちには知らされていませんでした。栄喜にも、沖縄がどうなっているかはわかりませんでした。

一九四五年八月六日広島に、九日には長崎《ながさき》に原子爆弾《ばくだん》が落とされました。今度ばかりは栄喜のもとにも少しずつ情報が入ってきました。たくさんの人が亡くなったばかりか、原《げん》爆《ばく》が落ちたところには、もう草や木は永久に生えないとさえいわれます。

「沖縄《おきなわ》はどうなっていますか？　だれか、知りませんか？」

手当たりしだいにたずねる栄喜に、沖縄も戦場になったらしいと教えてくれる人が出てきました。

不安で不安でじっとしていられない栄喜の耳にとどいてくるのは、「日本が負けるはずがない。きっと勝つ」といいきる人たちの声ばかりです。でも、たまに、小さな声で「もうだめだ。日本が勝てるはずはない」とつぶやく人たちの声もありました。

郷里の妻や子どもたちは無事だろうかと、気になってしかたないのに、確かめる方法がありませんでした。

そして、一九四五年八月十五日、日本はついになすすべもなく、無条件降伏《こうふく》しました。

栄喜たち兵士は、終戦の後処理を命じられて働いていたのですが、あるとき、一通の手紙を受け取りました。長男の栄順《えいじゅん》からです。なんと、次男の真勝《しんかつ》とともども、熊本県《くまもとけん》に学童疎開《そかい》をしているというのです。沖縄の家に残った妻と子どもが心配ですが、栄喜には確かめようがありません。栄喜は、不安な気持ちをいだきながら、軍隊で戦争の後処理をするばかりでした。

八月二十日過ぎになってようやく、栄喜が所属していた航空隊が解散になりました。栄喜は一目散に熊本《くまもと》へ行き、ふたりの息子《むすこ》たちに会いました。三年ぶりのことでした。ふたりを連れてすぐにでも沖縄《おきなわ》に帰りたいのに、引《ひ》き揚《あ》げの許可が出ません。栄喜はいったん沖縄行きをあきらめて大阪《おおさか》へ向かいました。柳田《やなぎだ》にあずけておいた紅型《びんがた》の型紙を受け取りたかったのです。

無事に再会できたことを喜んでくれた柳田が、栄喜の手を取りました。

「城間くん、きみの紅型、期待しているよ。次にはどんな作品に会えるか楽しみにしているからね」

応援《おうえん》してくれる柳田のためにも、いい仕事をしなければなりません。紅型のことを思うと、からだの底から力がわいてきました。沖縄への帰宅許可がでるまで、栄喜は時間さえあれば新しい紅型のデザインを考えては紙に描《えが》いていきました。

終戦の翌年、一九四六年十月、待ちに待った沖縄への引き揚げが許され、栄喜はふたりの息子とともに、船に乗りこみました。

五十枚の型紙を胸にいだいて、これからの仕事をあれこれ想像しては夢を描いていた栄喜のまえに、那覇《なは》港が刻々《こっこく》と近づいてきます。

「どうしたんだろう。いつもとちがうぞ」

島が近くなったら、真っ先に緑豊かな風景が目に入るはずなのに、どこかのちがう島を目指しているように、ちっとも緑の樹木が見えてきません。

船が那覇《なは》港に入りました。

栄喜の足ががたがたと震《ふる》えだしました。緑の大地が、一変しているのです。緑どころか、見わたすかぎり、赤土がさらけ出されているではありませんか。

港からはアメリカ軍のトラックに乗せられて、島の中へ連れていかれました。

戦前にあったすべての建物はすっかり焼け落ちて、バラック小屋が建ちならび、その間をぬうようにアメリカ軍のトラックやジープが走り回っています。

「まさか……ここまで……」

沖縄《おきなわ》戦がどんなに悲惨《ひさん》なものだったか、一目瞭然《いちもくりょうぜん》でした。

ふたりの息子《むすこ》の手をしっかりにぎっている栄喜の胸は、さっきからはげしく高鳴っています。あの日、庭で見送ってくれた妻と幼い三男と娘《むすめ》のことが気になってしかたありませんでした。

丘《おか》の上に建っていた首里城《しゅりじょう》も、人々の家も緑の木々も、なにもかもが焼失していました。地形さえも、はげしい砲弾《ほうだん》で激変してしまっています。五年ぶりに帰ってきた故郷は、すっかり変わりはてていました。

妻の親戚《しんせき》に出会った栄喜は、最後まで型紙を守っていた妻のウシと三男博《ひろし》の死を知らされました。博が不憫《ふびん》でなりませんでした。栄喜はまだその幼子をじゅうぶんにいとおしんでやれなかったという悔《く》いが残りました。

妻と子の死だけでもつらいのに、住んでいた家も失いました。城間家に代々伝わった何千枚もの型紙も道具類も、いつも拠《よ》り所《どころ》にしていた見本も、なにもかもいっさいが焼かれてしまったのです。

栄喜は愕然《がくぜん》としました。

ひとり生き残っていた長女の道子《みちこ》は、周りの人に「お父さんだよ」といわれても、人の後ろに隠《かく》れてしまいます。無理もありません。栄喜が大阪《おおさか》へ旅だったときにはまだ四歳《さい》だったのですから。

栄喜はひざを折ると両手を広げました。

「おいで。お父さんだよ」

少しずつ近づいてくる娘《むすめ》を、栄喜はじっと待ちました。そして娘が腕《うで》に入るなり、やさしく抱《だ》きしめました。

妻と三男を亡《な》くした悲しみを押《お》し殺して、栄喜は三人の子どもたちの顔を見つめます。これからこの子たちを食べさせていかなくてはなりません。

栄喜は空を振《ふ》りあおいで、目をしばたきました。

焦土《しょうど》となった沖縄《おきなわ》の地で、自分はこれから紅型《びんがた》を作っていかなければなりません。なにがあっても、紅型を捨てるわけにはいかないのです。紅型は沖縄が誇《ほこ》る大事な伝統工芸なのです。先祖から伝わる紅型を作り守っていかなければなりませんでした。紅型は城間家代々に受け継《つ》がれた仕事であり、柳田《やなぎだ》をはじめ多くの人が栄喜の紅型作品を待っていてくれるのです。それに、子どもたちとの生活も、自分の肩《かた》にかかっていました。

紅型に向かう栄喜の仕事ぶりが好きだというそれだけの理由で嫁《とつ》いできてくれた妻のウシが、恋《こい》しくてなりません。貧しさに不満ももらさず、ひたすらに栄喜の仕事を支えてきた妻にもう会えないとは。そんなことがあっていいのでしょうか？　家に帰ればいるはずの妻がいないのです。

栄喜はもう一度空を見上げて目を閉じました。まぶたに浮《う》かぶ妻ウシと三男博《ひろし》に、心の中で手を合わせました。

栄喜たち親子は、テント張りの小屋に、ひとまず身を寄せました。

栄喜は、首里《しゅり》の山川《やまかわ》にあった自分の家が気になってしかたがありませんでした。焼けたと聞いてはいるものの、どうしても、自分の目で確かめたかったのです。

行ってみると、目印になるような建物はなにもありませんでしたが、首里の高台はそのままです。高台を目指して山川へいき、一帯を歩き回りましたが、どこもかしこも焼け野原です。なつかしいわが家は、跡形《あとかた》もありませんでした。

（あぁ、ほんとうに、なにもかもなくなったんだ）

先祖から城間家に伝わった何千枚もの型紙も、見本も、道具もすべてが燃えてしまったことを確認して、栄喜はその場にすわりこんでしまいました。からだじゅうから、力がぬけていくようです。

栄喜は重い足を引きずりながら、首里城のあったところまで行ってみました。

ここに美しい城があったとは想像もできないほど、周りの寺院もいっしょに破壊《はかい》されています。ただ、くずれた城壁《じょうへき》だけが、城があったことを物語っていました。

（沖縄《おきなわ》は壊滅《かいめつ》したんだ）

呆然《ぼうぜん》と立ちつくした栄喜の目から、涙《なみだ》が流れ落ちました。

先祖が残してくれた文化遺産をすべて失ってしまった沖縄《おきなわ》は、これからどうなるのでしょう。

栄喜はまた歩きだしました。わずかでもいいから、どこかに昔ながらの沖縄を見つけたかったのです。歩いても歩いても、目に入るのは瓦礫《がれき》と焼けた土ばかりです。

ふらふらとさまよっていた栄喜が、首里《しゅり》の坂を下りはじめて金城《きんじょう》へさしかかったときです。

（あった。あった。あったぞ！）

見覚えのある石畳《いしだたみ》の坂道が足元から下へつづいています。両側には石垣《いしがき》も残っていました。雨のように降る砲弾《ほうだん》の中で、ここ金城だけが奇跡《きせき》的に戦火をまぬがれたのです。

栄喜の心に小さな灯《ひ》がともりました。

金城の石畳を見つめているうちに、少しずつ目の前が明るくなっていくのを感じます。石畳が残ってくれたのだから、自分は紅型《びんがた》で沖縄の文化をつないでいくのだと強く思いました。

金城《きんじょう》の石畳道《いしだたみみち》。琉球《りゅうきゅう》王朝時代からある首里の石畳道は、沖縄戦《おきなわせん》で大半が破壊《はかい》されたが、金城の石畳道が奇跡的《きせきてき》に戦火をまぬがれた。

復興への道

二か月が過ぎて、極貧《ごくひん》の中でも日々の暮らしがそれなりに落ちついてきました。晴れると、食料を得るために海に出て魚釣《さかなつ》りをするのですが、雨だと、一日じゅうテントの中で模様を描《えが》きました。模様ができても、型紙に写すことができません。型紙にするじょうぶな紙などないのです。どんなときも、栄喜《えいき》の頭の中は紅型《びんがた》のことでいっぱいでした。

一九四七年三月まで、アメリカ軍の通行許可がない村へは、だれも行くことはできませんでしたが、首里《しゅり》の山川《やまかわ》へは通行の許可が出ました。栄喜たち家族は、なつかしい山川へ帰りました。相変わらずのテント暮らしですが、それでも、自分の家があったところに住めるのは、うれしいことでした。

栄喜には紅型を復興させたいという大きな目標がありました。しかし、手元に残っているのは大阪《おおさか》から持ち帰った五十枚の型紙だけです。

新しい模様は描けても、それを写す型紙がありません。

ある日のことです。日本軍の司令部があった首里城の壕《ごう》の跡《あと》に、軍用地図が捨てられていると人づてに聞いた栄喜は、居ても立ってもいられずに、すぐに首里城を目指しました。

城は跡形《あとかた》もなく、守礼門《しゅれいもん》もくずれ落ちていますが、近くに小さな林らしいものがあり、壕はその林の中にありました。

「こりゃあ、すごい」

栄喜の目が光ります。

そこいらじゅうに、かつての日本軍の軍用地図が散乱しているではありませんか。おおっぴらに見せてはいけないものだったのでしょうか、地図には「極秘《ごくひ》」の印が押《お》されています。

「これはすごい。なんてじょうぶな紙なんだ。これなら、型紙になりそうだ」

地図を一枚一枚拾い上げていく栄喜の胸はおどっています。これで型紙が作れると思うと、うれしくてなりませんでした。

しかし、型紙を彫《ほ》る小刀がありません。それだけではなく、型紙を彫るときの台にするルクジュウも、糊《のり》を伸《の》ばすへらも、色差しに使う刷毛《はけ》も、なにもかもありませんでした。

栄喜の紅型《びんがた》作りは、道具を作る材料集めからはじめなければなりませんでした。材料がもっともありそうな場所は、アメリカ軍のゴミ捨て場でした。

子どもたちが学校から帰ってくるのを待って、いっしょに一キロほど離《はな》れたゴミ捨て場へ行くのが栄喜の日課になりました。

アメリカ軍の生活は、栄喜たちには考えられないほどぜいたくなもので、ゴミ捨て場には缶詰《かんづめ》の空《あ》き缶《かん》、木材、トタン、衣類など、中にはまだ使えるものもいっぱいあって、まさに宝の山でした。

「お父さん、この紙は？」

「靴《くつ》が片方あるけど……」

子どもたちの声に「なにかに使えそうだ。拾っていこう」とこたえながら、栄喜自身も目を輝《かがや》かせています。

通いはじめて数日後、栄喜は金属用ののこぎりを見つけました。これがあれば、小刀に必要な刃先《はさき》を作ることができます。

ほかにも次々と拾ったもので道具が作られていきました。

こうして、道具はひとつひとつそろっていきましたが、大きな課題が残っています。染める布と顔料がないのです。

戦後のこの状況《じょうきょう》で、じゅうぶんな顔料を望むのはとても無理だとわかっています。せめて、顔料を補足する染料をなんとかできないかと、栄喜は考えをめぐらしました。

紅型《びんがた》の特徴《とくちょう》ともいえる黄色は、フクギの木の皮を煎《せん》じて作ったものが主な原料になります。かつてはどこの家にも植えてあったフクギが、戦争ですっかりなくなっています。地上の木はなくても、根は地中に残っているので、栄喜は根をほりおこして染料《せんりょう》にしました。

藍色《あいいろ》は遠くの山まで出かけて自生する藍《あい》をとってきました。

白色は夜光貝の貝殻《かいがら》をすりつぶして作り、赤色はアメリカ人の女性にたのんで、口紅をゆずってもらいました。

だいだい色は瓦礫《がれき》から赤瓦《あかがわら》を取り出してすりつぶし、ピンク色は夜光貝の粉に口紅を混ぜました。

なんとか道具を手作りして、染料もめどがつくと、残る問題は布でしたが、やがてこれも用意できました。アメリカ軍から配給される小麦粉や大豆の入っていた袋《ふくろ》があったのです。

これでやっと紅型を染めることができます。栄喜の胸に熱いものがこみあげてきました。

目の前にならんだ道具のひとつひとつを、手にとってながめていきました。なんという不格好さでしょう。それでも、廃品《はいひん》を利用した道具は、どれもが工夫《くふう》の限りを尽《つ》くされています。見た目がどんなに悪くても、栄喜にとっては何物にも代えがたい愛《いと》しいものたちでした。

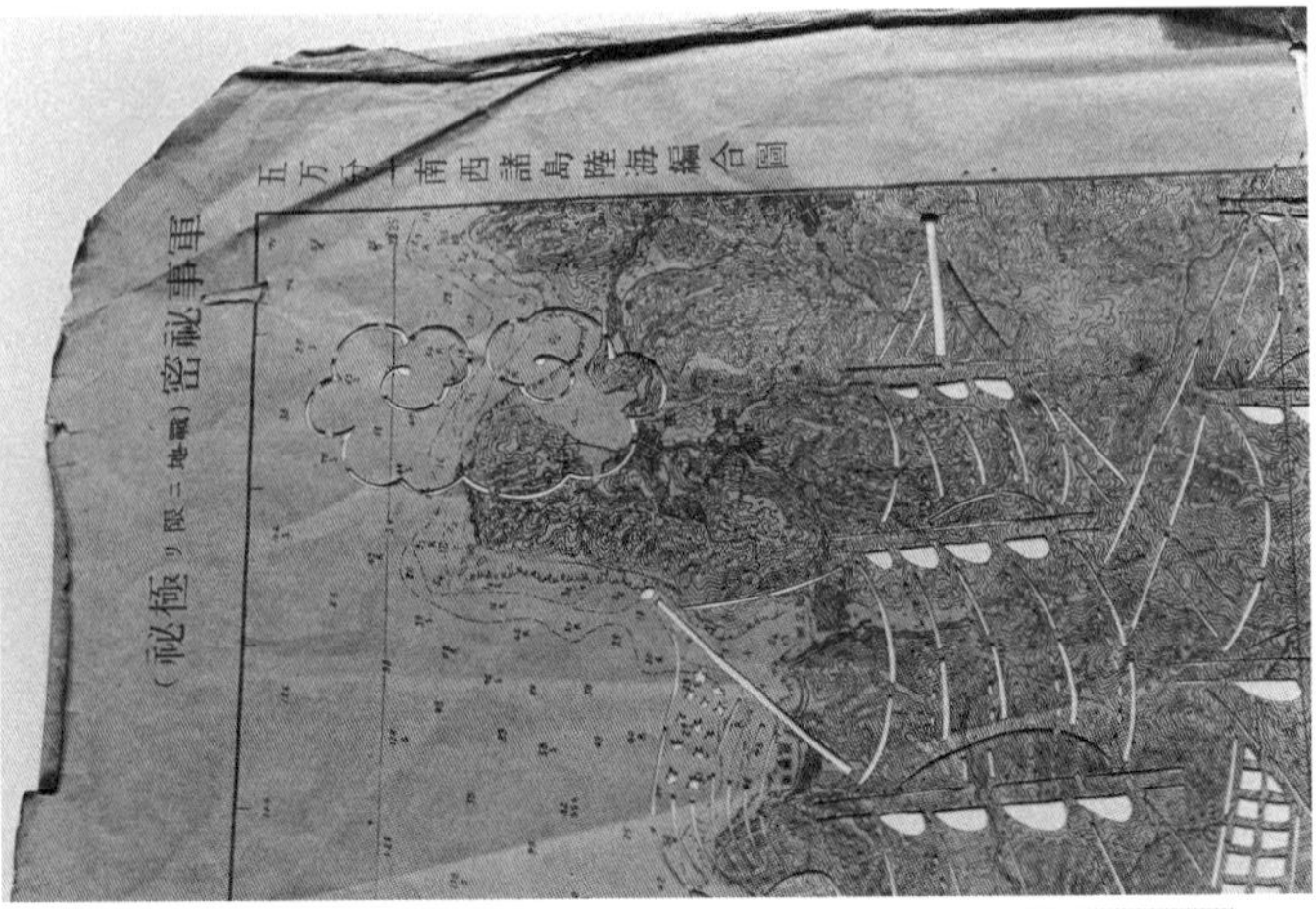

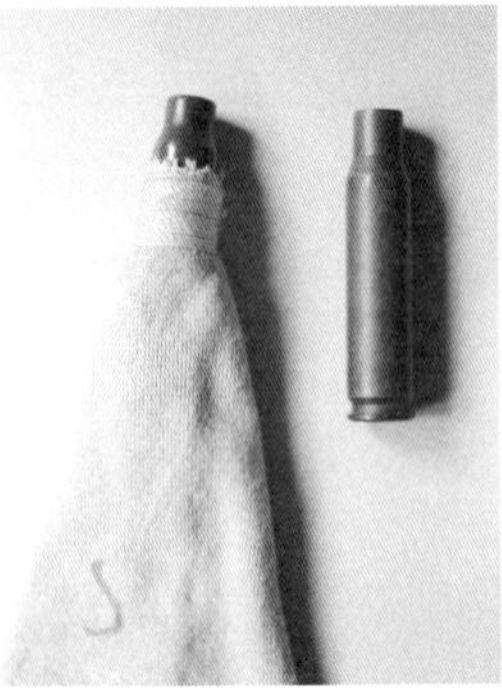

軍用地図で作った型紙。小銃《しょうじゅう》の薬きょうが筒先《つつさき》の糊袋《のりぶくろ》。へらはレコード盤《ばん》の破片。筆は女性の髪《かみ》の毛、小刀はのこぎりの刃《は》で作った。

（城間びんがた工房蔵）

「これから、ほんとうに紅型《びんがた》が染められるんだ」

栄喜は紅型の制作にのめりこんでいきました。いつ売れるともわからない紅型に夢中になっていったのです。押《お》さえつけられていた欲求が一気に爆発《ばくはつ》したみたいに、紅型を手がけているときの栄喜は、すべてを忘れて没頭《ぼっとう》しました。売れるとか売れないとか、顔料が少なくなっているとか、いっさいの不安から完全に解放されていました。染め物師栄喜の血はたぎっていたのです。

子どもの世話がじゅうぶんではなくなった栄喜を、近所の人々は心配し、折にふれて注意もするのですが、栄喜の態度は改まりません。やがて人々は栄喜を非難し、子どもたちに同情するのでした。

熱に浮《う》かされたように創作に夢中になっていた栄喜も、ほどなく子どもたちの生活に目を向けるようになったのですが、紅型を最優先させる暮らしぶりはそのままでした。先祖《せんぞ》代々伝わる紅型を、自分も後世に伝えていけると思うだけで幸せでした。

戦後二年目のある夏の暑い日でした。食糧難《しょくりょうなん》はまだつづいていて、ゴミ捨て場から拾ってきたキャベツの外側の青い葉をゆでて昼食をすませた後、栄喜は海に魚を求めて出かけようとしていました。

次男の真勝《しんかつ》が顔をゆがめて栄喜を見上げます。

「お父さん、おなかが痛い」

「こまったな。ひどく痛いか?」

「だいじょうぶだよ」

力なく笑う真勝を気にしながらも、栄喜は「休んでいなさい」と声をかけて家を出ました。沖縄《おきなわ》にはまだ病院らしい病院もなく、薬さえもなかなか手に入りません。栄喜が家にいようと、真勝は寝《ね》ているよりほかにすべがないのです。

少しして栄喜が家にもどってみると、真勝はテントの中でぐったりしていて、話すのもつらそうでした。結局、それから二日後、真勝は息を引き取りました。アメーバー赤痢《せきり》にかかっていたのです。

長女の道子《みちこ》が遺体にすがりついて泣き、栄順《えいじゅん》は泣きはらした赤い目を手で押《お》さえています。栄喜はうなだれたまま、身じろぎひとつしません。

わが子を紅型《びんがた》の犠牲《ぎせい》にしてしまい、栄喜は、あまりの罪深さに身がすくみました。紅型をなによりも大事にしているのかと自問しても、「ちがう」と即答《そくとう》できないことに悲しみが深まります。

真勝《しんかつ》があわれでなりませんでした。

栄喜は胸元《むなもと》で両手を合わせると、心の中で真勝にあやまりました。

(すまなかった。許してくれ。お父さんはいつかきっと紅型《びんがた》を復興させるから、見ていておくれ)

栄喜は子どもの世話をじゅうぶんできなかった自分を責めました。真勝に限らず、不衛生な中で暮らしていかなければならない当時の沖縄《おきなわ》では、多くの子どもたちが赤痢《せきり》やいろいろな病気にかかって死んでいきました。悲しいことに、子どもたちの病死は、ほとんど日常的だったのです。

それからの栄喜は、悲しみをかかえながら、いっそう紅型制作に熱中していきました。

栄喜が紅型を制作しているとのうわさは人づてに広がり、紅型を習いたいという人たちが工房《こうぼう》に集まるようになりました。画家や主婦や教師などです。

このころ、沖縄の文化復興に乗り出してくる人たちが現れはじめ、一九四六年三月には、建物も設備も粗末《そまつ》なものですが首里《しゅり》市立郷土博物館(現在の沖縄県立博物館)が設立されていました。瓦礫《がれき》の中からわずかに残った建物の土台や文化財の破片などが、博物館に集められていました。

その後、沖縄美術家連盟が結成されると、一九四八年には、展覧会が企画《きかく》されました。小規模な展覧会でしたが、栄喜は小麦粉の袋《ふくろ》をほどいた白い布に、口紅や赤瓦《あかがわら》の粉で染めたふろしきを出品しました。

絵画とならんで展示された栄喜の紅型《びんがた》は、見る人の心をとらえました。じっと見入って涙《なみだ》を流す人もいます。

「紅型を作っている人がいたなんて……」

「沖縄《おきなわ》がここにある」

「なんてきれいなんだろう。紅型って、こんなに美しいものだったかねえ」

「首里城《しゅりじょう》の中で、紅型を着た人を見てみたいものだ。われわれの先祖だからね」

人々のささやきを聞いているうちに、栄喜の胸にじわじわと喜びが広がっていきます。自分が沖縄の人間であることが、たまらなくほこらしくなりました。

紅型という美しい沖縄の伝統工芸を作り出した先祖に頭が下がります。先祖たちが作り上げた伝統工芸は、これからみんなで守り育てていかなくてはならないのです。自分もそこにつながっていることに喜びを感じ、今後の発展に力を尽《つ》くしていくぞ、と勇気がわいてきました。

その日の夜、栄喜は星空を仰《あお》ぐと、妻のウシに展覧会の報告をしました。妻や子の戦死を知ったとき、紅型《びんがた》に光明が見えるまでは泣くまいとがまんしていた栄喜ですが、紅型が人々に喜ばれたこと、今後は今まで以上に希望をもって制作できそうだということなどを伝えているうちに、涙《なみだ》があふれてきました。

栄喜が作った紅型は、戦争で生き残った人たちの心を震《ふる》わせ、明日への希望をあたえたようです。展覧会で栄喜の紅型を見て感動した人たちの中から、紅型を教えてほしいと、工房《こうぼう》に集まってくる人たちが現れました。今までの仲間たちといっしょに、かつての紅型を復興させるにはどうしたらよいかと悩《なや》みながら、栄喜は人々に紅型の技法を伝えていきました。

栄喜は記憶《きおく》をたよりにしてさまざまな紅型を再生しようとするのですが、記憶にたよるだけの方法には限界がありました。せめて型紙があったらと思います。古来からの紅型は、型紙に集約されているといってても過言ではありません。

（鎌倉芳太郎《かまくらよしたろう》先生だったかなぁ……）

若いとき、奉公《ほうこう》先からもどった栄喜に、父親が「東京から来た鎌倉先生に型紙をゆずった」と聞いたのを思い出しました。

そんなとき、画家の友人大嶺政寛《おおみねせいかん》が、展覧会のために近々東京へ行くことになりました。栄喜はさっそく大嶺を訪ねると、鎌倉芳太郎《かまくらよしたろう》に会って、型紙を使わせてほしいとの伝言をたのみました。

その結果、鎌倉は、栄喜たちのねがいにこたえて百点ほどの型紙を複写させてくれたばかりでなく、ほどなく、鎌倉がもっていた型紙の六百点が、郷土博物館に寄贈《きぞう》されました。型紙を前にして、食い入るように見つめていた栄喜のほおを、涙《なみだ》がいくすじも流れ落ちていきました。

それからも栄喜は紅型《びんがた》の復興に力を尽《つ》くし、時間がある限り、古い紅型を探したり新しい型紙を作ったりしました。

子どものころから父栄喜の教えを受けていた長男の栄順《えいじゅん》も長女の道子《みちこ》も、今では父と同じ道を歩むようになっていました。

その後、栄喜の紅型作品は、思いがけないところで発展していきます。

沖縄《おきなわ》に駐留《ちゅうりゅう》している外国人が注文に来たのをきっかけにして、栄喜は外国人用にネクタイ、テーブルセンター、タペストリー、クリスマスカードなどを紅型で作っていたのですが、その反響《はんきょう》は予想以上で、アメリカ軍の基地内での講習会に、紅型講師として招かれたのです。美しいものが歓迎《かんげい》されるのは、いつの時代でも同じです。自分の手で作り出したいとねがう女性たちの気持ちに国境はありませんでした。

数年すると、栄喜のもとで学んだ人々が次々と巣立ち、紅型《びんがた》作家として活躍《かつやく》していくようになりました。

民藝《みんげい》運動の中心的人物ともいえる河井寛次郎《かわいかんじろう》や浜田庄司《はまだしょうじ》たちが、戦後再び沖縄《おきなわ》を訪ねてくるようになりました。中でも染色家の芹沢銈介《せりざわけいすけ》は、早くから紅型に注目していて、柳《やなぎ》たちとは別に、紅型工房《こうぼう》で技法を学んだりもしました。

そのうち、本土の人たちの間でも、紅型を習いたいという人たちがふえて、栄喜は自分がもっている知識や技術を、おしみなくあたえました。少しずつですが、道具や顔料もそろうようになりました。

戦後五年ほど経過すると、沖縄は依然《いぜん》としてアメリカ軍の支配下にありましたが、世の中は落ちつきを取りもどしはじめました。首里城《しゅりじょう》の跡地《あとち》には琉球《りゅうきゅう》大学が開校し（一九八四年に中頭郡西原《なかがみぐんにしはら》町に移転）、柳宗悦《やなぎむねよし》たちの支援《しえん》のおかげで伝統工芸が見直され、紅型などの再興の気運は高まる一方でした。

東京、沖縄、台湾《たいわん》などで活躍していた画家に、沖縄出身の南風原朝光《はえばるちょうこう》がいます。「琉球紅型《びんがた》研究会」（一九五〇年発足）の会員でもあり、戦後の沖縄《おきなわ》の工芸復興にかくべつに力を注いでいました。南風原《はえばる》は陶芸家《とうげいか》の金城次郎《きんじょうじろう》や芭蕉布織《ばしょうふおり》の平良敏子《たいらとしこ》などとともに、栄喜にも、有力な美術団体の国画会が主催《しゅさい》する国展に応募《おうぼ》するようにと勧《すす》めました。

一九五〇年、栄喜は不安をかかえながら、首里《しゅり》風景をモチーフにした紅型作品を出品、みごと入選を果たしました。さらに、その後の二年間、連続で入選を重ねたのです。悲惨《ひさん》な戦争を経験した沖縄の人々に希望をあたえ、栄喜には大きな喜びとともに自信をもたらしました。紅型の職人たちが励《はげ》まされたのはいうまでもありません。

一九七二年五月十五日午前零時《れいじ》、沖縄は日本に返還《へんかん》されました。二十七年間におよぶアメリカ軍の沖縄統治が終わったのです。しかし、広大な軍用基地はそのまま残されました。基地があって、たくさんのアメリカ兵が沖縄に滞在《たいざい》していることに変わりはないのですが、沖縄県民の心情には大きな変化がありました。沖縄県民としての誇《ほこ》りが、伝統工芸などの復興を加速させました。

一九七三年五月、紅型をさらによいものにするために、「沖縄伝統技術保存会」が結成され、栄喜が会長になりました。同じ年の七月、沖縄県は紅型を無形文化財に指定し、栄喜は、屋宜元六《やぎげんろく》、知念績弘《ちねんせっこう》（三大宗家《そうけ》、知念家の家系の者で父は績秀《せきしゅう》）大城貞成《おおしろていせい》らととももに、県指定文化財「紅型《びんがた》」の技能保持者に認定されました。

長い年月、紅型の保存や発展に尽《つ》くしてきた栄喜には、「琉球《りゅうきゅう》新報賞」（一九七一年）や「沖縄《おきなわ》県功労賞」（一九八八年）など、さまざまな賞が授与《じゅよ》されました。

再生への苦しい道のりを歩んできた紅型はみごとに復興して、沖縄だけでなく、日本の、いや世界の誇《ほこ》るべきすばらしい伝統工芸として人々を魅了《みりょう》するようになりました。

栄喜から栄順《えいじゅん》に伝わった紅型は、栄順の子栄市《えいいち》に受け継《つ》がれ、道子《みちこ》は筒描《つつが》きで才能を発揮しました。

一九八九年五月二十六日、那覇《なは》市の沖縄タイムス・ホールで、栄喜の個展が開かれました。『城間栄喜〝技と仕事〟展―沖縄の心を染めて七十年』と題したこの個展は、栄喜が紅型と歩んだ七十年の歳月《さいげつ》を物語っていました。

五十点あまりの作品は、どれもが伝統の色と技術にこだわった紅型で、栄喜独自の調和した世界が染め上げられています。戦後のバラックで作ったふろしきや、アメリカ人たちに向けて作ったクリスマスカードやネクタイなども展示されました。作品のひとつひとつを鑑賞《かんしょう》していく人の心に浮《う》かんでくるのは、「沖縄の心が染まっている」ということでしょう。紅型は沖縄そのものを絶えず表現してきたのですから。

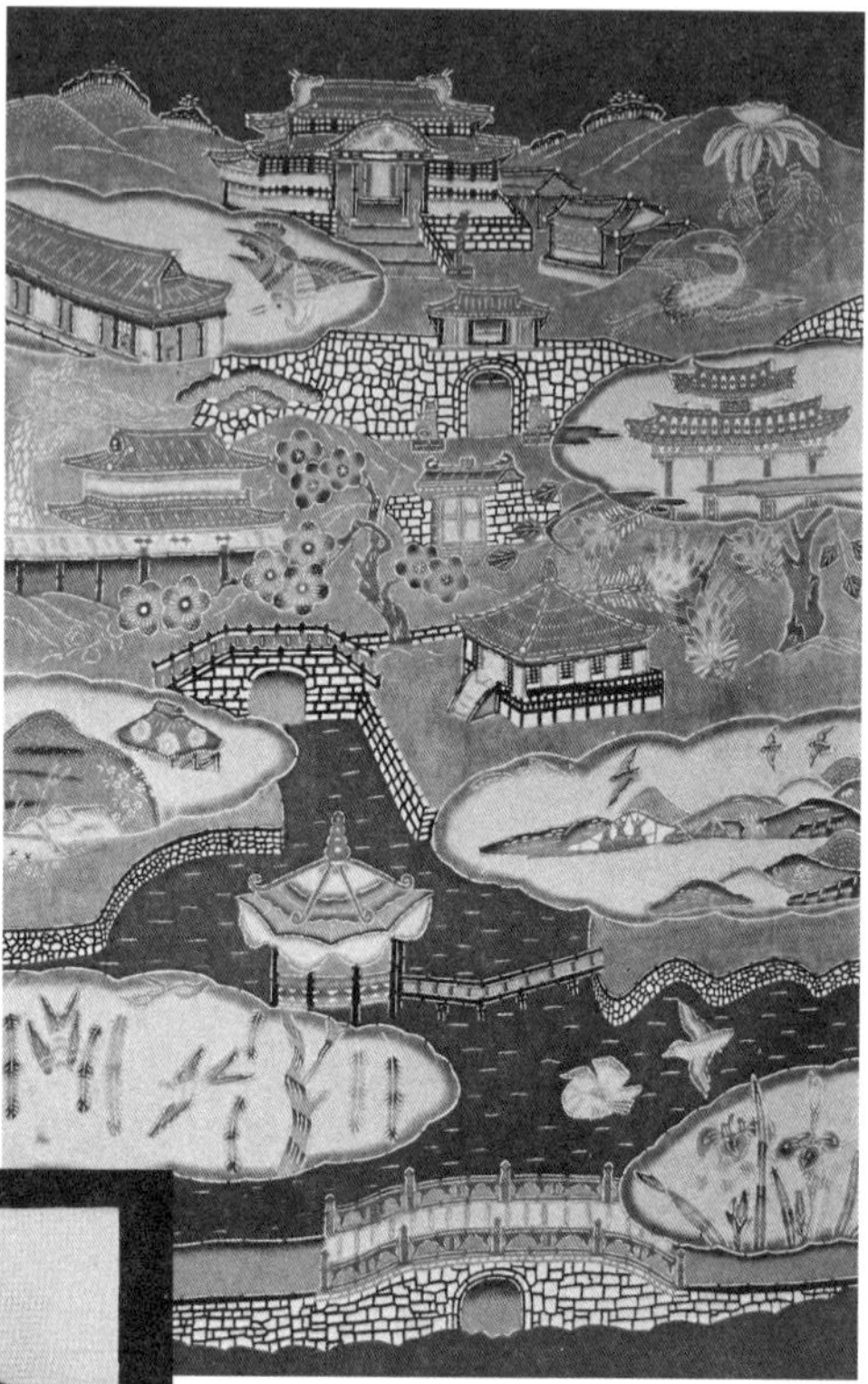

国展に出品した城間栄喜の作品。
紅型《びんがた》のネクタイとクリスマスカード用の型紙。

（城間びんがた工房蔵）

アメリカ軍の小麦粉の袋《ふくろ》を生地《きじ》にして作った紅型《びんがた》の衣装。
（城間びんがた工房蔵）

栄喜のもとで学んだ人たちの中には、女流紅型《びんがた》作家の先駆者《せんくしゃ》である渡嘉敷貞子《とかしきさだこ》や、紅型ではじめて人間国宝に認定された玉那覇有公《たまなはゆうこう》などがいます。栄喜は、もともと紺屋《クンヤ》（染め物屋）の家系とは無縁《むえん》の出身者にも門戸を開いて多くの紅型作家を育て、現代紅型の礎《いしずえ》を築きました。紅型作家として活躍《かつやく》する人をたくさん育てましたし、中には創作をつづけながら後輩《こうはい》の指導にもあたるなどして、紅型の普及《ふきゅう》につとめる人々もいました。

これまで見てきたように、民藝《みんげい》運動は、紅型の復興や発展に大きく関わっています。中でも、芹沢銈介《せりざわけいすけ》は紅型に特別の関心を寄せていました。柳宗悦《やなぎむねよし》が鑑賞者《かんしょうしゃ》とすれば、芹沢銈介は染色者として紅型と向きあったのです。紅型の手法をしっかり身につけた後、独自の手法を取り入れて、新しい紅型を発展させていきました。

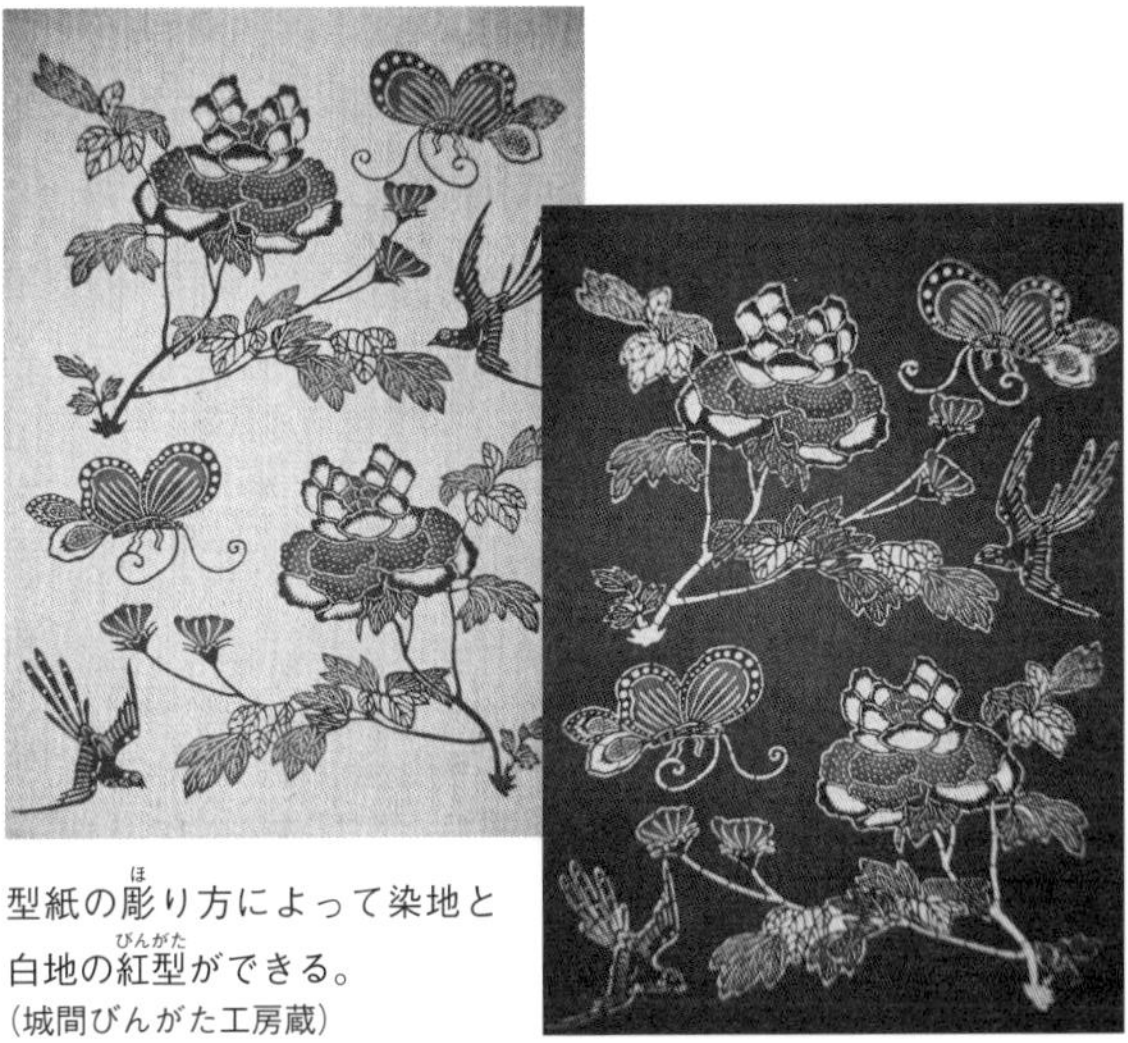

型紙の彫《ほ》り方によって染地と
白地の紅型《びんがた》ができる。
（城間びんがた工房蔵）

（静岡市立芹沢銈介美術館蔵）

五章　発展する紅型《びんがた》

【芹沢銈介《せりざわけいすけ》】

1895―1984

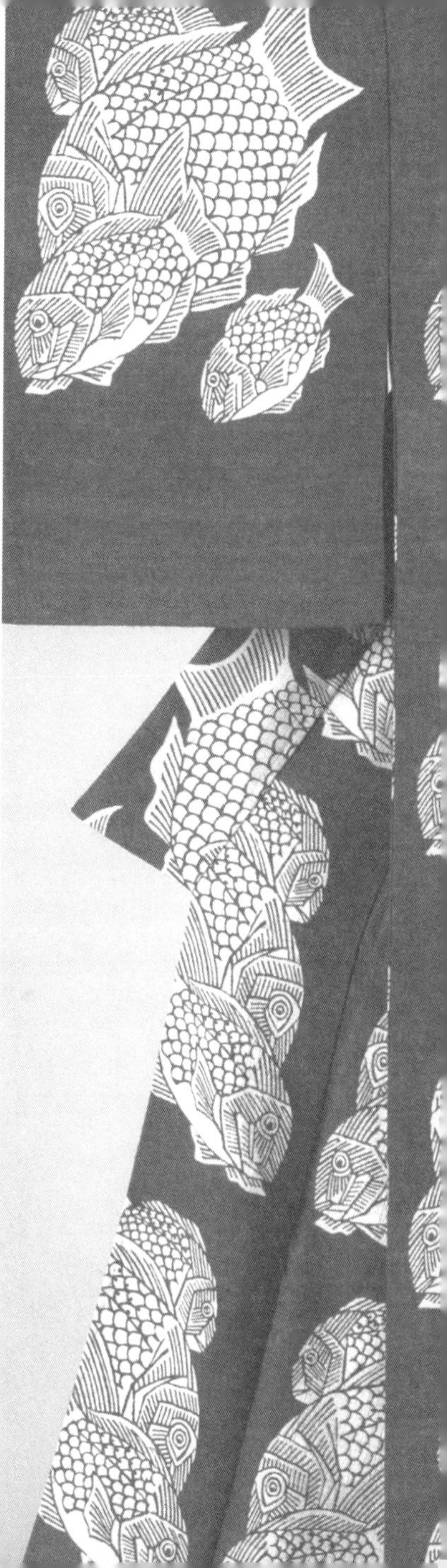

芹沢銈介は、柳宗悦《やなぎむねよし》と紅型との出会いによって、型染めの作家として独自の道を歩みます。着物やのれんなどのほか、カレンダーや絵本、装幀《そうてい》も手がけ、芹沢の作品は多くの人々の日常生活にとけこんでいきました。シンプルな図案に美しい彩色《さいしき》の作品は、その芸術性が高く評価され、人間国宝に認定されました。

画家を夢見て

鉒介《けいすけ》の生家は、静岡市《しずおかし》の繁華街《はんかがい》で呉服太物《ごふくふともの》（呉服は絹織物、太物は綿織物や麻《あさ》織物）の卸業《おろしぎょう》を営んでいた「大石商店《おおいししょうてん》」です。祖父の代からつづく老舗《しにせ》で、名古屋から東京までの東海道筋でもっとも大きな呉服太物商店だといわれていました。

祖父も父も遊芸が好きな人でした。特に書画を集めるのが趣味《しゅみ》で、画家などが訪ねてきては長逗留《ながとうりゅう》するのもめずらしくありませんでした。

鉒介は大石家の七人兄妹の次男として、一八九五年五月十三日に生まれました。大家族に加えてたくさんの使用人に囲まれていましたから、日々の暮らしはとてもにぎやかです。子どもひとりにひとりの乳母《うば》がつくほどに裕福《ゆうふく》でした。

鉒介は幼いころから絵を描《か》くことが好きで、周囲の人々は早くから絵の才能を認めていました。そんなこともあって、本人も、将来は画家になるものだと思っていました。地元の学校を卒業したら東京美術学校（現在の東京芸術大学美術学部）へ進学するのが夢だったのです。

ところが、卒業を間近にひかえた一九一三年三月八日の早朝。

鮭介があたりの異常に気づいて目を覚ましたときには、家の中はもう火の海になっていました。何不自由なく暮らしてきた大きな家は、鮭介が見つめる中で、火柱を上げながら焼けくずれていきました。火元は隣家《りんか》で、この類焼によって、間口が十五メートルもあった大店《おおだな》は全焼してしまったのです。十八歳《さい》の春のことでした。

被害《ひがい》は鮭介の想像を超《こ》えていました。老舗《しにせ》の大店なのに、財産といえるものは商品としてあつかっていた布ばかりで、そのほとんどが燃えてしまったのです。美術学校への進学は、あきらめるしかありませんでした。

進学を断念したと知った友だちが、鮭介につめよります。

「おまえの夢だったんだから、親にたのんでみろよ。きっと、なんとかしてくれるはずだ」

「いや。いいんだ」

友人が鮭介の顔をのぞきこみます。

「やっぱりな。そういうと思った。おまえはいつもそうだから。でもな、おれたちは、画家になってほしいんだ。おまえなら、きっと有名な画家になると期待しているんだよ」

おだやかでやさしい性格の銈介は、だれからも好かれていました。にぎやかなことが好きなわりにはシャイで、どちらかというと寡黙《かもく》でもあり、どんなときにもひょうひょうとしていて流れに逆らわない面もあります。そんな銈介を、友人たちは心配していました。

美術学校への進学は、断念するしかありませんでしたが、東京には出ました。レザー工場を経営している叔父《おじ》の家に寄宿して、工場の仕事を手伝いながら、東京高等工業学校（現在の東京工業大学）の図案科へ進むことになりました。画家になれないかもしれないけれど、デザイナーになれるかもしれないと考えたのです。これは結果として、染色家としての銈介を大成させるための大事な礎《いしずえ》となりました

レザー工場では、型紙を使って模様をレザーに転写するなど、製品の製作過程がほとんど手作業であったため、手仕事が好きな銈介には興味深く、時間がゆるす限り、工場を手伝いました。その仕事が工芸的なものだったため、興味が尽《つ》きませんでした。働く職人たちの姿にも彼《かれ》らが使う道具にも心ひかれて、工場で過ごす時間は、新鮮《しんせん》であきることはありませんでした。

一九一六年七月、二十一歳《さい》の銈介は、東京高等工業学校を卒業して郷里の静岡《しずおか》にもどりますが、職につくでもなく、近隣《きんりん》に出かけては終日写生ばかりしています。ちょうどその

ころ、遠縁《とおえん》の人がもってきた縁談《えんだん》で見合いをしたのですが、相手の芹沢《せりざわ》たよは、良家の娘《むすめ》らしく、おっとりと物静かな女性でした。鉎介はひと目見て気に入りました。たよも静かなたたずまいの鉎介に好意をいだいたようです。

翌年、ふたりは結婚《けっこん》しました。

鉎介は婿入《むこい》りしましたので、以後芹沢鉎介と名乗ります。婚家《こんか》の芹沢家は、油屋、材木屋、質屋などを営む商家で財力は豊かです。

鉎介が妻になったたよにたずねます。

「わたしは写生がしたい。行ってもいいだろうか」

「どうぞいらしてください」

「毎日行ってもいいだろうか」

「はい、どうぞ」

たよは、鉎介が好きなことをしている様子を見るのが楽しかったのです。

こうして、鉎介は結婚してからも毎日写生に出かけていきました。まるでそれが仕事でもあるかのように、朝になれば自転車にまたがって出かけ、夕方まで帰ってこないのです。

夕食の後、鉎介は時折、その日に写生してきた絵を見せたり、自然界の美しさを、ぽつりぽつりと話したりしました。寡黙《かもく》な夫が話す様子を、たよはうれしそうに聞いていました。

鉒介の写生帳は、ほとんどが写実的な植物画で、同じ植物をさまざまな角度から描《か》き分けていたりします。このころに描いた写生帳は数十冊におよび、積み上げると一メートル以上にもなりました。

鉒介は美しいものが好きです。ゆるやかな曲線を描《えが》くネコジャラシの葉に目を奪《うば》われたり、夏の畑に実るナスやトウガラシなどは、いつまで見ていてもあきませんでした。色の美しさと形のおもしろさは、単純なようでいて実は複雑だと気づくと、何枚でもスケッチできました。

写生のほかにも、鉒介にはやりたいことがありました。手仕事です。

木工用のミシンを使って組み立て式のおもちゃを作って販売《はんばい》したり、友人といっしょに店舗《てんぽ》の装飾《そうしょく》を手がけたりしました。

結婚《けっこん》した翌年、静岡県《しずおかけん》静岡工業試験場に技手として就職した鉒介は、漆器《しっき》、木工、染色《せんしょく》の図案を指導します。地元の職人さんたちの仕事場を訪ねる機会が多く、気持ちがはずみました。レザー工場で手伝っていたときのように、手仕事をする人や道具を間近に見られるのは、うれしいことでした。

鉎介は仕事を楽しむかたわら、懸賞《けんしょう》ポスターへ熱心に応募《おうぼ》し、何度も入賞しては賞金を手にしています。そのポスターの優秀《ゆうしゅう》さが認められて、大阪《おおさか》府立商品陳列所《ちんれつじょ》から招かれ、一九二一年一月に就職。たよ夫人、長女、長男とともに大阪に居を移しました。

鉎介は図案課に配属されました。意匠《いしょう》図案の調査や商品広告に関する展示指導など、仕事の内容はおもしろかったのですが、府の職員という役人生活は、なんとも堅苦《かたくる》しいものでした。また、職場であつかう図案は、利益につなげるためのものです。作り手の個性を大事にしたい鉎介には不満でもあり、翌年の十月には退職願を出しました。あけっぴろげな大阪の風土は、シャイで寡黙《かもく》な鉎介の肌《はだ》に合わなかったかもしれません。

大阪時代の鉎介の写真を見ると、スーツに蝶《ちょう》ネクタイをして鳥打ち帽《ぼう》をかぶり、靴《くつ》は編み上げのブーツです。時代の先端《せんたん》を行くファッションだったことでしょう。

美しいものが好きな鉎介は、子どものころからいつも趣味《しゅみ》のいいものを身に着けていて、人ごみの中でもひと目で鉎介とわかるほどおしゃれでした。

静岡《しずおか》にもどってきた鉎介は、静岡県立静岡工業学校に教授嘱託《しょくたく》として就職し、一九三四年に上京するまでの約十年間、そこに勤務しました。

鉒介にはちょっと変わった趣味《しゅみ》がありました。神社に奉納《ほうのう》する小さい絵馬、小絵馬の収集です。時間を見つけては地方へも足を伸《の》ばして、小絵馬を求めました。数年後には数百枚もの小絵馬が集まりました。名もない絵師が描《えが》いた単純な図柄《ずがら》に、心ひかれたのです。うまく見せようと思わずに自由に描かれた小絵馬の絵は、簡潔でのびのびとしていて、さわやかな感じがしました。

一九二四年、二十九歳《さい》の鉒介は、またも自分の家を失うことになります。大きな商家で豊かな財力を備えていた芹沢家は親戚《しんせき》の病院の保証人になっていましたが、この病院が倒《とう》産《さん》して、多額の借金を背負うことになったのです。

家屋敷《いえやしき》はもちろんのこと、田畑や山林も手放し、あげく、鉒介たち家族は借家住まいをしなくてはならなくなりました。いきなり、経済的に苦しい生活がおそってきました。使用人もいなくなり、たよは家族の食事の世話から炊事洗濯《すいじせんたく》など、家事のいっさいをひとりでこなさなければなりません。

ある日のこと、米屋の前でたたずんでいるたよを、通りがかった鉒介が見つけました。

「米を買いに来たのか？」

「あっ、はい、そうなのですが……」

たよはもじもじしていて、店の中に入ろうとしません。

「どうした。金が足りないのか?」

たずねる鮭介に、たよが顔を赤らめてこたえます。

「はずかしくて……入れません」

たよは生まれてはじめて買い物に出たのです。店に入るのも品物を買うのも、はずかしくてならなかったのです。

やがて貧しい生活にも慣れて、それなりの落ち着きを取りもどしたころ、鮭介は「このはな会」という手芸グループを発足させました。毛糸編みのおもちゃ、手提げ、クッションカバー、テーブルセンター、壁掛《かべか》けなどを、鮭介のデザインのもとに作り上げるのです。

「このはな会」について語る鮭介を、たよがうれしそうに見つめています。彼女《かのじょ》も手仕事が好きな女性でした。

「わたしも参加したい」

思いがけない申し出に、喜んだのは鮭介です。

「それはいい。いっしょにやろう」

ふたりは意気投合して「このはな会」をもりたてていきました。鮭介がデザインし、刺《し》

「南部小絵馬」

芹沢銈介がデザインし、たよ夫人が刺繍《ししゅう》したクッションカバー。
（上下:静岡市立芹沢銈介美術館蔵）

繍《しゅう》や編み物などの実際の製作を会員で行います。

いちばん多いときで九名という会は、手芸の単なる愛好家のグループでしたが、制作を重ねるうちに素人《しろうと》の集団とは思えない作品が作られるようになり、販売《はんばい》されることもあれば、東京の出版社である主婦の友社が主催《しゅさい》する手芸展で、二年連続最高賞を獲得《かくとく》したり、雑誌『工芸時代』の創刊号で紹介《しょうかい》されたりしました。

「このはな会」でさまざまな作品を手がけるうちに、銈介は染め物への関心を深めていきました。単純な絞《しぼ》り染めをマスターすると、次には型染めです。若いころから得意だった写生をもとにして下絵を描《か》くと、型紙にして彫《ほ》り上げました。その型紙を使っての型染めも、いろいろためしてみました。

その後、会ではろうけつ染めも手がけるようになり、染色家としての銈介を育てる重要な場所になります。六年ほど、会員たちとろうけつ染めを手がけ、かなり多くの作品が生まれました。

好きなことをして高い評価まで得たのに、このころの銈介はしずみがちでした。じっともの思いにふけっていたりします。

もともと、銈介はおしゃべりではありませんが、育った環境《かんきょう》の影響《えいきょう》もあって、にぎやかなことは好きでした。人々が楽しそうに話したり笑ったりしているそばで、ひとり静かに絵を描《か》いたりデザインを考えたりするのが好きなのです。たよは、そんな夫の気持ちを理解するたいせつな妻であり同志でもありました。

夕食後、たよが銈介に聞きました。

「浮《う》かない顔をなさっていますね」

「ああ、いろいろ考えることがあって……」

たよは次の言葉を待ちましたが、銈介は口を閉ざしたままです。まだ話す時期ではないらしいと思ったたよは、そうっと部屋を出ていきました。

ひとりになると、銈介は部屋をぐるりとながめわたしました。あちこちに自分がデザインした壁掛《かべか》けや染め物がぶら下がり、棚《たな》の上には収集した小絵馬の中でかくべつに気に入ったものがいくつかならべられています。それらに目をとめた後、銈介は大きなため息をつきました。

（ただ集めて……ただ作って……好きならそれでいいのだろうか？）

ついこの間まで、なんの疑問もいだかなかったのに、こんなことをしていてよいのだろうかと思いだしてからというもの、気になってしかたがありません。まったく意味のないつまらないことをしているのではないかと思うと、気持ちは勝手にしずんでいくばかりです。

そうは思っても、デザインを考えるのは楽しいし、職人さんたちの仕事ぶりにふれると、心が浮《う》き立つのでしたが……。

柳宗悦《やなぎむねよし》との出会い

一九二七年の春、三十二歳《さい》になった銈介《けいすけ》の借家に、知人が客を連れて訪ねてきました。収集した小絵馬を見たいというのです。客は柳宗悦でした。柳を座談会に招いた銈介の知人たちが、柳に銈介の小絵馬を見せたかったからです。

柳は銈介より六歳年長で、思想家や宗教哲学者《てつがくしゃ》として知られていますが、本物の美しさを本能的に感じとる才能のある人でした。柳は昨年、陶芸家《とうげいか》の河井寛次郎《かわいかんじろう》や浜田庄司《はまだしょうじ》らとともに、民藝《みんげい》運動を起こしています。名もなき職人によるすぐれた手仕事の日用雑器には、芸術品に劣《おと》らぬ美しさがあると評価し、民衆が作った工芸品を掘《ほ》り起こしながら普及《ふきゅう》にもつとめていました。

柳《やなぎ》は目当ての小絵馬だけでなく、鮭介が集めたものすべてに深い感銘《かんめい》を受けたようです。

「集めたものにはいい選択《せんたく》と統一があった。……品物が生活にまで融《と》けあっていて、その点がいっそう心を引いた」と著書に記しています。

柳の関心をよそに、鮭介が柳にいだいた感想は、知人が連れてきたただの客に会った程度のことでしかありませんでした。柳がその場で多くを語らなかったのと、鮭介がうつうつとした気分の中にいたからかもしれません。

同じ年の春、鮭介は友人の鈴木篤《すずきあつし》といっしょに朝鮮《ちょうせん》へ旅立ちます。当時、朝鮮は日本の植民地になっていましたので、日本人はだれでも自由に行き来できました。鮭介よりも三歳《さい》下の鈴木は柳宗悦《やなぎむねよし》を崇拝《すうはい》していて、今回の旅は柳が絶賛している朝鮮の寺や朝鮮民族美術館などを訪れる予定でした。

鮭介は鈴木と旅に出ることが多く、感性が似ているのか、いつまでいっしょにいても負担に感じることがなく、会話もはずみました。

朝鮮にわたる船の中で、鈴木が一冊の雑誌を鮭介に差し出します。

「これを読んでみたらどうかな」

わたされた『大調和』の中に、柳の論文「工藝《こうげい》の道」が掲載《けいさい》されていました。

最初の一行を読んだときから、銈介の全身は興奮で震《ふる》えるようでした。

銈介を感動させた柳《やなぎ》の論文は、工芸の本質を説いていました。名もない職人が生み出す木工、陶芸《とうげい》、染織《せんしょく》などには、健康的な美しさがあるとし、それは生活に密着しているからこそ生まれる美しさだと書かれています。多くの普通《ふつう》の人々がこの美しい工芸品を使うことによって、日々の生活は豊かに美しくなっていくだろうともあります。つまり、工芸品の美しさは、一般《いっぱん》の人々の暮らしを美しく変えていくというのです。それは、社会そのものが美しくレベルアップすることを意味しています。

銈介は、目を閉じて自分の日常を振《ふ》り返りました。職人の仕事が好きであること、手仕事にわけもなくひかれること、物を作り出すのがかくべつに好きなこと、かざって鑑賞《かんしょう》される作品よりも、生活の場面で使ってもらえるものを作りたいこと……すべてが柳のいう工芸の本質につながっています。好きな仕事の先には、社会を豊かにしたいというねがいがふくまれると知って、銈介の興奮は高まるばかりでした。自分の中でくすぶっていたもやが、晴れていきます。

柳の論文は、銈介の中で漠然《ばくぜん》としていた物作りへの思いを、論理的にすっきりと整理してくれたばかりでなく、大きな希望をもあたえるものでした。

少し前に、柳《やなぎ》を家に迎《むか》えたときのことを思い出しました。あのとき、柳がこんなにすごい人だということにまったく気づかなかった自分の未熟さを思い知るばかりでした。

鉎介は、心の底からわきおこる熱い思いを伝えたくてたまりません。目の前には友人の鈴木《すずき》がいます。

「柳宗悦《むねよし》という人は、すごい。同じ人間とは思えないほどに洞察力《どうさつりょく》がすぐれているじゃないか。なんという……こんな人が自分と同じ時代に生きていてくれるなんて……」

鈴木は満足そうにただうなずいていました。

鉎介はひそかに「一生、この人を師と仰《あお》いでいこう」と決心しました。

一九二八年、全国の物産や団体などの品々を陳列《ちんれつ》して、来場者や他府県との交流を図る大礼記念国産振興博覧会《たいれいきねんこくさんしんこう》が、東京の上野公園内で開催《かいさい》されました。

鉎介の故郷である静岡《しずおか》でも静岡県茶業組合連合会議所が参加していて、品々をならべるブース（空間）は鉎介がデザインしていました。そのデザインは、訪れた人々に衝撃《しょうげき》をあたえるほど斬新《ざんしん》で洗練されていました。

自分の仕事場を確認した後、鉎介は同じく柳たちが出展している展示住宅「民藝館《みんげいかん》」へ足を向けました。

（さすがだ……）

　鉒介の期待を上回るしつらえになっています。博覧会の会期中だけに出品された建物とは思えません。木造のしっかりした家屋の中に、柳《やなぎ》たちが理想とする健《すこ》やかな工芸品に囲まれた暮らしが、ありありと提示されていました。それは、都市に住む中産階級に新しいライフスタイルを提示するためのモデルルームで、その什器《じゅうき》には、民藝《みんげい》運動に関わる作家の品や日本各地で作られた上質の民芸品が選ばれていました。

　展示物のひとつひとつに感心しながら「民藝館《みんげいかん》」の中をゆっくり歩んでいた鉒介の足が、床《とこ》の間《ま》の前で、ぴたりと止まりました。目は前方に釘《くぎ》づけです。

（この布はなんなんだ。世の中に、こんなに美しい染め物があったのか）

　床の間にかけられていた一枚の布が、鉒介をとらえました。沖縄《おきなわ》で作られた紅型《びんがた》のふろしきです。さらに、やはり紅型の着物が展示されていることに気づき、興奮は長い間おさまりませんでした。シャープな線にかたどられた模様の大胆《だいたん》さもさることながら、混じりけのない原色の色使いには驚《おどろ》かされました。花も鳥も、なんと生き生きとしていることでしょう。

　あまりの美しさに圧倒《あっとう》されていると、周りの人も騒音《そうおん》も、一瞬《いっしゅん》の間に遠ざかっていきました。銈介は、自身のからだがしんと静まっていくのを感じながら、ただその布に見入っていました。

「その模様、その色、その材料、こんなに美しい楽しい染め物以上の染め物があるかと、夢のような思いでした」と、晩年に書き残しています。

(これだ。これこそが、わたしの目標とする理想の染色だ)

銈介は紅型《びんがた》の魅力《みりょく》にすっぽりと包まれて、夢見心地《ごこち》のような時間を過ごしました。

朝鮮《ちょうせん》への船中で生涯《しょうがい》の師と決めるにいたった柳《やなぎ》と出会い、そしてここで、生涯追い求めていく紅型とも出会ったのでした。

この年、銈介は、関東大震災《かんとうだいしんさい》で京都に疎開《そかい》していた柳を訪問しました。柳と工芸について会話を交《か》わすことができて、うれしさはひとしおでした。柳は物作りについて、土地に根ざして作られたものは美しいといいます。その土地に必要なものが、その土地の材料で作られることがたいせつなのだそうです。求められるものが、求められた環境《かんきょう》の中でごく自然に作られてこそ、作為《さくい》のない素直《すなお》なものが出来上がっていくのです。

「柳先生」

先生とよばれた柳が苦笑します。

「われわれは仲間ですから、先生はよしましょう」

「いえ。先生は先生ですから」

鉒介は生涯《しょうがい》、柳《やなぎ》だけを先生とよんで尊敬の念をくずしませんでした。

紅型《びんがた》を知った後、折にふれて紅型の知識を得たいとつとめる一方、熟知しているろうけつ染めで、完成度の高い作品を目指しました。

一九二九年、ろうけつ染めで野菜の杓子菜《しゃくしな》を図案化して連続模様にした間仕切《まじきり》は、国画会《こくがかい》第四回展で、国画奨学賞《しょうがくしょう》を受賞しました。

このころから、ろうけつ染めに対して、鉒介の関心は徐々《じょじょ》に薄《うす》れていきました。染めにはさまざまな工程があって、染め上がったときにそれぞれの工程が魅力的《みりょくてき》に反映されたりします。ところが、ろうけつ染めでは、工程をふくめて染めがもつ本質の仕事より、図案の仕事だけでその美しさを決めてしまいやすいというのが、その理由でした。つまり、図案が作品の善《よ》し悪《あ》しを決めてしまうと感じたのです。

翌年以降から、型染めに専念するようになりますが、型染めでも次々に大きな賞を受賞していきました。

審査員《しんさいん》から「作為《さくい》がなくて、作者自身が作品で楽しむ、そういうところが見えると思

「杓子《しゃくし》菜《な》文《もん》間仕切《まじきり》」国画奨学《しょうがく》賞受賞のろうけつ染めによる壁掛《かべか》け。
（静岡市立芹沢銈介美術館蔵）

う」といわれたり、「地道で正確な製作態度は……幾多《いくた》の作品の中で燦然《さんぜん》と光りを放つものであった」と賞賛されたりしました。

一九三〇年五月、三十五歳《さい》になった銈介に思いがけないことがおこります。柳《やなぎ》たちはかねてより民藝《みんげい》運動普及《ふきゅう》のための機関誌を発行する準備を進めていました。雑誌の名前はすぐに『工藝《こうげい》』と決まりました。その『工藝』の装幀《そうてい》を、創刊号から十二月号までの一年間、銈介が担当するようにといわれたのです。しかも、表紙はどうしても布をもちいて型染めにしたいとのことです。

銈介は悩《なや》みました。紅型《びんがた》に魅《み》せられてから型染めに深い関心をいだいていたというものの、実際に型染めを手がけはじめてから、まだ一年にもなっていませんでした。決まった師匠《ししょう》がいるわけでもなく、技法はすべて独学です。そのことを柳が知らないはずがありません。無理を承知で依頼《いらい》したのです。銈介の誠実な人柄《ひとがら》と染め物の才能を信じた柳は、銈介ならやりきると確信していたのです。

一方、銈介も柳の信頼《しんらい》にこたえたいと必死でした。発行部数は五百から六百部です。布一枚を染め上げるだけでも、相当な時間を要します。機械にたよらず手染めで布の一枚一枚を均一に染め上げていかなければなりません。毎月、この膨大《ぼうだい》な数をこなしていけるでしょうか。静岡《しずおか》工業学校の教授嘱託《しょくたく》としての仕事は、今もつづいていますから、すべての時間が自由になるわけでもありません。どう考えても、ひとりでできる仕事ではありませんでした。

まずは、手伝ってくれる染めの職人が必要です。思いきって、数名を雇《やと》い入れました。悩《なや》みぬいた末に出した結論は、模様を三か月ごとに変えて四種とし、同じ模様は染める色を変えるというものでした。デザインが決まると型紙を彫《ほ》り、無心に染めはじめました。夜も寝《ね》ないで作業場につめるのも、めずらしくありません。こうして、十一月に試作が完成し、翌年の一月十日には、『工藝《こうげい》』の創刊号が発行されました。

月刊誌の表紙に布の型染めを用いるのははじめてのことでしたから、手に取った人々は、一様に驚《おどろ》くと同時に、あまりの美しさに目を見張りました。

銈介のデザインがすぐれているのは周知のことですが、文字と模様を型染めで全部染め出した表紙は、人々の意表をつくものでした。四つのちがった模様と染め色のちがいは、それぞれに独特の雰囲気《ふんいき》を醸《かも》し出していて、色使いが際立《きわだ》っています。型染めの表紙は大成功でした。

『工藝』の装幀《そうてい》を成功させたことは、銈介にとっても大きな出来事になりました。ひと月

創刊時3か月ごとに表紙のデザインを変えた雑誌『工藝《こうげい》』。
（静岡市立芹沢銈介美術館蔵）

ごとに五百枚から六百枚という枚数の表紙絵を均一に染め上げていく作業は、はじめての経験でした。一年間の仕事をやりとげたことで、染め物を量産するすべを身につけられたのです。量産することは、民藝《みんげい》運動にとって大事な要素でもありました。一般《いっぱん》の人々が日常的に使える雑器にこそ、美しいものが必要とされていたからです。

『工藝《こうげい》』の装幀《そうてい》で評価を得た銈介は出版界でも注目されるようになり、以後晩年にいたるまで、単行本など書籍《しょせき》の装幀の依頼《いらい》が途切《とぎ》れることはなく、生涯《しょうがい》に五百冊以上を手がけました。

染色家《せんしょくか》、芹沢銈介としての仕事に拍車《はくしゃ》がかかってきました。

染色後、水洗いして乾《かわ》いた布が書斎《しょさい》にもちこまれてきました。ここからは、たよの仕事です。銈介が染め上げた反物《たんもの》を、着物に仕立てていくのはたよの役割でした。たよがはさみをもって、布の裁断に取りかかろうとしています。

銈介が布にかけよります。

「ちょっと待ってくれ」

「またですか？」

今回も、裁断を前にした反物は、銈介の手によって鴨居《かもい》に下げられました。壁《かべ》にかざられた布を、銈介はあかずながめています。放っておいたら、何時間でも見つづけます。

あきれたたよが、銈介の横にすわりこみました。

「あなたは不思議な人ですねえ……自分の作品なのに、よくもまあ、こんなに見ていられること。あきないのですか？」

「あきるだなんて、とんでもない」

いいながらも、銈介は布から目を離《はな》しませんでした。

完成した作品を、よい出来栄《できば》えだとながめていたい気持ちのかたわら、冷静な目で作品を分析《ぶんせき》して次になすべき事をさぐってもいたのです。

三十八歳《さい》前後の銈介の作品には、ある特徴《とくちょう》が見られます。基本的に模様は小さく、細部に細やかな表現やこだわりが見られます。題材は植物と幾何《きか》学《がく》模様が圧倒《あっとう》的に多く、配色は、どちらかという渋《しぶ》めでした。ハンドバッグや座布団《ざぶとん》など、後にはほとんど手がけなかった身の回りの小物をたくさん作ったのも、このころの特徴です。

おとなしい色目で細やかな配慮《はいりょ》がうかがえる作品は、見る人の心にすっと入って、温かい気分にさせる不思議な力をも備えていました。

どんなものを制作しても、いっさいの手抜《てぬ》かりはなく、自分のもてるもののすべてをかたむけて誠実に作ろうとする銈介の制作姿勢は、つねに変わることはありませんでした。

一九三四年三月、三十九歳《さい》になった銈介一家は、住みなれた静岡《しずおか》から東京の蒲田《かまた》に引《ひ》っ越《こ》します。一年前には、柳《やなぎ》も京都から東京に転居していました。

柳たちが創設した日本民藝《みんげい》協会に所属する人から、銈介は土地と工房《こうぼう》を提供されました。蒲田への移動には、前年に入門した弟子《でし》や職人たちを連れていきました。広い敷地《しきち》に工房までであるのです。ととのった環境《かんきょう》をあたえられて、思うぞんぶん染め物に専念できると、銈介の胸は期待にふくらみました。

なにより、東京在住となれば、陶芸家《とうげいか》の河井寛次郎《かわいかんじろう》や浜田庄司《はまだしょうじ》、版画家の棟方志功《むなかたしこう》など民藝運動の仲間たちとひんぱんに交流できます。彼《かれ》らは事あるごとに上京して前年東京にもどってきた柳のもとを訪れていました。わけても、柳といつでも会える距離《きょり》にあると思うと、それだけで銈介の心は満たされました。彼らと会うたびに、大いに刺激《しげき》されたのです。東京に移住したことで、本格的な作家活動に踏《ふ》み出していったともいえます。

一九三五年に、銈介は『絵本どんきほうて』の制作依頼《いらい》を受けました。ドンキホーテを鎌倉《かまくら》時代の武士におきかえて、合羽刷《かっぱず》りで制作するつもりです。合羽刷りはステンシルともいって、型紙の絵の部分を切りぬき、上から刷毛《はけ》で絵具を塗《ぬ》りこむ技法です。銈介は自

『絵本どんきほうて』の一場面。和紙に合羽《かっぱ》刷《ず》りで制作した。
（静岡市立芹沢銈介美術館蔵）

分らしい絵本になるよう、時間をおしんで仕事に打ちこみ、一年でほとんどが出来上がりました。

一九三六年のことです。民藝《みんげい》運動の拠点《きょてん》となる日本民藝館が東京の駒場《こまば》に完成しました。開館にともなう展覧会に、銈介の『絵本どんきほうて』の中から六図が展示され、多くの人から絶賛されました。

そして翌一九三七年、『絵本どんきほうて』が刊行されました。表紙はもちろんのこと、上質な工芸品ともいえる一冊の出来栄《できば》えは、とても高い評価を得ました。銈介の染め物が商業的に印刷されたのは、これがはじめてです。美しい手仕事が、印刷によって大量に生産され、しかも安価で提供できるのです。民藝運動の目的にかなうことでもありました。

たよが本をかかえて、銈介を見上げます。

「お見合いしたとき、おとなしいけど芯《しん》のある人だと思いました。写生帳を見て、絵の才能を感じました。でもね、こんなに大きい人になるとは、想像できませんでしたよ。すみません」

銈介は下を向いてはずかしそうに笑いました。

「大きくなんかないよ。ただ一生懸命《いっしょうけんめい》やっているだけだ。あなたが、なんでも自由にやらせてくれたから……ありがたいと思っている」

夫婦は顔を見合わせて、小さくうなずきあいました。

多くの人が絵本の完成をほめそやす中で、師の柳《やなぎ》だけは浮《う》かない顔をしていました。絵本がすばらしかったからこそ、銈介が乗りこえるべき次の課題が浮き彫《ぼ》りにされたと感じていたようです。

この年、絵本の出版を記念して『工藝《こうげい》』七十六号で、芹沢銈介の特集が組まれました。銈介に寄せられた柳の一文も掲載《けいさい》されています。

「芹沢の道で危険な一面があるとすれば、型に収まりやすいことである。すべての無駄《むだ》をとりさろうとするから、ややもすれば動きのとれないところまできてしまう。完備は新たな窮屈《きゅうくつ》である」と。

型にとらわれすぎると、型からはみ出したもの（思想）を無視したり無理やり型に入れようとするから、結果として、自由がなくなり窮屈な作品になってしまうということでしょうか。

民藝《みんげい》運動の仲間からも、「型を忘れた芹沢を自由にふるまってみせてもらいたい」と口々にいわれました。

簡潔な型を求めるあまり、銈介自身が型にばかりこだわって、心に浮《う》かぶ思いを自由に表現できなくなっていたようです。指摘《してき》されて反省するものの、そこから脱出《だっしゅつ》する方法がわかりません。あれやこれや、思いつくままに試行錯誤《さくご》してみましたが、大した効果はありませんでした。

模索《もさく》しつづける銈介に、やがて転機が訪れます。

沖縄《おきなわ》旅行とその後

銈介《けいすけ》は、一九三九年の四月から五月にかけて五十九日間、沖縄に滞在《たいざい》することになります。柳《やなぎ》や河井寛次郎《かわいかんじろう》など民藝《みんげい》運動の仲間たち七名との旅行でした。

銈介にとってはじめて訪れる沖縄は、かつて鳥肌《とりはだ》が立つほどに感動した紅型《びんがた》のふろしきや美しい着物の産地でもありました。

しかし、実際に沖縄を訪れてみると、紅型はすっかり廃《すた》れていて、人々の関心も失われているとわかり、ひどくがっかりしました。

そうした思いの中でも、鉎介はすでに鉎介の工房《こうぼう》に入門している岡村吉右衛門《おかむらきちえもん》とともに那覇《なは》で、久茂地《くもじ》町の瀬名波良持《せなはよしもち》、久米《くめ》町の知念績秀《ちねんせきしゅう》（一九七三年に、城間栄喜《しろまえいき》らとともに紅型《びんがた》の技能保持者として認定された績弘《せっこう》の父）に紅型の指導を受けました。ふたりとも紺《クン》屋《ヤ》の職人です。伝統的な手法による染めの工程を、教えられるまま素直《すなお》に実践《じっせん》していきます。今まで独学でやってきた型染めと、どこがどうちがうのかを確認しながら、師の教えに従っていきました。

空を仰《あお》げば、本土とはくらべものにならない太陽の強烈《きょうれつ》な光が降りそそぎ、あたりには亜熱帯《あねったい》特有の植物が枝を広げています。

着色には主に顔料を使います。すっかり染め上がって水洗いをすませた布が、沖縄《おきなわ》の強い日射しを浴びながら乾《かわ》いていく様子は、鉎介の工房での光景とはかなり異なります。

「ああ、なにもかもが強い」

沖縄ならではの太陽光があってこそ、原色がこんなにも映《は》えるんだと感じた鉎介は、物作りは土地に根ざしているから美しいのだという柳《やなぎ》の言葉を実感しました。

型染めの技法を教えてもらいながら、時間を作っては紅型の調査も手がけました。発祥《はっしょう》の歴史や古い時代の制作工程など、紅型に関することなら、なんでも調べては記録していきました。

沖縄《おきなわ》に滞在《たいざい》した半分の日数を、鉒介は紅型《びんがた》の仕事場で過ごしました。

伝統的紅型の手ほどきを受けた後、自分が制作してきた型染めの技法は見当ちがいではなかったと自信をもちました。手探《てさぐ》りでやっているうちは、本物の紅型を知らないことで不安がありましたが、実際に手がけた後では、もう、紅型はすっかり理解できたとの確信を得るにいたりました。

沖縄滞在を経て、長年あこがれていた紅型を体得できた鉒介は、これからは伝統的紅型にこだわらずに、もっと構図的にも自由な染め物に進んでいきたいと思いました。上野の博覧会会場で紅型のふろしきに出会ってから、紅型こそが自分の進む道だとこだわりつづけてきましたが、正式にその技法を知ることができませんでした。知らないことへの不安が、型にとらわれすぎることにつながっていたのです。

鉒介は沖縄本島各地をはじめ久米島《くめじま》などにも足を伸《の》ばして盛んに写生をしました。風景であれ、店先の商品であれ、人々が身にまとっている着物であれ、目をひくものはなんでも写生していきました。そのほとんどは、模様となって描《か》き残されています。写生三昧《ざんまい》の日々は、静岡《しずおか》でたよと結婚《けっこん》したころ以来です。仕事から離《はな》れて、ただ描《えが》きたいものをひたすらに描《えが》いていくことで、銈介の精神は完全に解放されていました。

ほかにも、夜になれば琉球芝居《りゅうきゅうしばい》や舞踊《ぶよう》を見、時には民謡《みんよう》を教えてもらったりして、全身で沖縄《おきなわ》を堪能《たんのう》しました。

銈介を取りまく沖縄の時間は、ゆるやかに流れていきました。関わった人々と同じように、細かいことにこだわらずに、ゆったりとたゆたう沖縄の空気そのものに、安心して身を任せていたのです。

沖縄から帰った銈介の写生帳は、沖縄の模様であふれかえっていました。さっそく銈介は制作に取りかかりました。

沖縄で出会った図柄《ずがら》は、どれもが鮮烈《せんれつ》な印象を残したまま、銈介の制作意欲をかきたてます。制作せずにはいられません。食べる時間も寝《ね》る時間もおしんで、染め物に没頭《ぼっとう》しました。これほどのペースで、しかも質の高い作品群を作った時期は、今までにはないことでした。

作品はどれもがおおらかです。芹沢銈介作品の特徴《とくちょう》ともいえる、明るくて自由でのびのびした雰囲気《ふんいき》は、ここからはじまったといっても過言ではありません。

数々の作品をていねいに見ていた柳《やなぎ》が、横にいる銈介にぽつんといいます。

「やりましたね」

鉎介は一心に次の言葉を待ちました。

「ひとつの段階に達したと思います。染めの中に、今まで登場することのなかった人物が描《えが》かれています。これは力のいる仕事です」

鉎介はわずかにうなずいて、柳《やなぎ》の足元を見つめます。

喜びがじわっとわいて、やがて全身を歓喜《かんき》がつきぬけていきました。

鉎介は柳の感想に絶対的な信頼《しんらい》をおいています。よいといわれれば素直《すなお》に喜び、問題点を指摘《してき》されると、なるほどと納得《なっとく》してその解決を目標に定めてきました。なにをいわれても、師の励《はげ》ましを感じて、なんとか期待にこたえたいとねがうばかりでした。

鉎介は柳の肩《かた》あたりに視線を移します。

「沖縄《おきなわ》に誘《さそ》っていただけて、よかったと……」

「ちょうど、時がよかったのでしょう」

作品が型に収まりやすいと柳たちに心配され、自分でも超《こ》えなければならないといくら努力してもうまくいかなかったのに、沖縄の風土と技法を体得したことで、あっさりと解決してくれました。型染めとはこうあるべきと思いこんでいた型にしばられることなく、感動したことや伝えたいことなどを表現するために、型を自由に変形できるようになったのでした。

表現したいものを素直《すなお》に描《えが》いて、それを模様として単純化していきます。単純化することは無駄《むだ》をそぎおとすことであり、表現したいものの本質にせまっていくのです。

この沖縄《おきなわ》旅行は実に収穫《しゅうかく》の多い旅になりました。

この年、銈介は沖縄で開催《かいさい》された展覧会「琉球《りゅうきゅう》の仕事報告展覧会」に、知念績秀《ちねんせきしゅう》と瀬名《せな》波良持《はよしもち》に教えてもらった技法で染めた帯を、出品しています。滅《ほろ》んでゆく伝統工芸に心を痛めていた沖縄の人々の中には、日本本土の銈介の作品に刺激《しげき》された人も多く、紅型《びんがた》の将来に希望をいだく人も現れました。

沖縄で多くを学んだ銈介は翌年にも沖縄を訪れました。今回は紅型の制作を体験することなく、前回しきれなかった紅型についての調査に専念しました。これはやがて著書『琉球の形附《かたづけ》』として結実します。型染めによる絵本を多数残しましたが、活字による著書はこの一冊だけでした。

一九四三年、雑誌『工藝《こうげい》』は沖縄の特集を組みます。銈介は沖縄の地図をいくつか制作したり、イラストレーションやカットも描いて『工藝』に載《の》せました。銈介の仕事が印刷されて、多くの人々の目にふれていきました。

一九四五年四月十五日、五十歳《さい》のとき、またしても家を失います。一九四一年にはじまった太平洋戦争はいつ終わるとも知れず、とうとう自宅や工房《こうぼう》まで、空襲《くうしゅう》で焼かれてしまったのです。

家財はいうにおよばず、制作した作品の型紙も小絵馬にかぎらず、たくさん集めていた各地の伝統工芸品や手仕事などの美しいものの大半を焼失してしまいました。

自宅を失った一家は、転々《てんてん》と各地に移り住みながら終戦の八月十五日を迎《むか》えると、その後は、戦災をまぬがれた日本民藝館《みんげいかん》に転居してその年を越《こ》しました。

住む家にも食べることにも困る生活だったにもかかわらず、銈介は美しいものを作りたくてしかたありませんでした。

そこへ、友人からカレンダー制作の依頼《いらい》が舞《ま》いこみました。染める布はじゅうぶんにあるはずもなく、和紙に染めることになります。和紙ならせまい場所でも染色できる利点もありました。

紙に染める方法は、戦前に沖縄《おきなわ》を訪れたときに得たヒントがもとになっていました。布を染めるのと同じように、和紙に糊《のり》をおいて型染めするのです。

仕事の現場にはいつもたよの姿があります。たよが染め上がったカレンダーを一枚、手に取りました。

「なんて愛らしい……あなたの新しい一面を見た気がします」

鉒介ははずかしそうに、たよから視線をはずしました。そんな鉒介に、たよがつづけます。

「生活のためを思われましたか？　もっとお金が必要だって」

「少しそう思ったかな。生活が苦しいのはわかりますよ」

「ありがとうございます。いやなお仕事じゃなくて、ようございました」

「やりたいことしかできないからねえ」

和紙を使ったカレンダーは、布にくらべて材料費が安いうえに、多くの人に求められ、予想以上の利益が上がりました。ぎりぎりにきりつめてきた生活に、やっと余裕《よゆう》が生まれました。職人たちもほっとひと息入れられるようになりました。

カレンダーは鉒介の代表的な仕事のひとつになりました。まず、文字の美しさに驚《おどろ》かされます。図案化された文字や数字が鮮《あざ》やかに染め出され、それぞれの月にちなんだ動物や植物の色合いが絶妙《ぜつみょう》です。

手にしたある人から、「戦後の、みすぼらしい日本人の暮らしと心に、ほのぼのと美し

和紙に型染めをほどこした「型染《かたぞめ》カレンダー」は好評を博し、以後毎年制作されるようになった。　（静岡市立芹沢銈介美術館蔵）

さのあかりをともしてくれた」といわれたりもしました。

鮭介の制作意欲は高まるばかりで、それからも何度か転居を繰《く》り返しましたが、仕事を中断することはありませんでした。

一九四六年に、鮭介を中心にした染色家の団体「萠木会《もえぎかい》」が発足しました。この会には柚木沙弥郎《ゆのきさみろう》もいました。彼《かれ》は岡山県倉敷《おかやまけんくらしき》の大原美術館《おおはらびじゅつかん》につとめていましたが、そこで鮭介のカレンダーを見てあまりの美しさに驚《おどろ》き、民藝《みんげい》運動に深い関心をいだきました。すぐに上京して柳《やなぎ》を訪ね、鮭介の影響《えいきょう》を受けつつ染色家を目指すようになったのです。後に、柚木は日本を代表する染色家となり、一九八七年には女子美術大学の学長に就任しました。

萠木会では染織によるグリーティングカード、うちわ、マッチのラベルなどさまざまな製品が作られ、その収入は、鮭介と静岡《しずおか》時代からの弟子《でし》たちの生活を立て直す足がかりになりました。

鮭介は模様をデザインして型紙を彫《ほ》りますが、染めの作業は自分の手を離《はな》れて、多くの人々がこれに従事しました。配色などの指導が徹底《てってい》していましたから、作品の質にブレが生じるようなことはいっさいありませんでした。

一九五一年十月、鮭介自身の力もありましたが、彼を応援《おうえん》する人の厚意もあって、住居

「風の字のれん」芹沢銈介は、文字、植物、人物、幾何学《きかがく》模様など数百種にのぼるのれんを制作した。 （静岡市立芹沢銈介美術館蔵）

「鯛《たい》泳ぐ文着物」人間国宝に指定された後に制作された大胆《だいたん》なデザインと鮮《あざ》やかな色彩《しきさい》の着物。
（静岡市立芹沢銈介美術館蔵）

とじゅうぶんな仕事場を得ることになりました。しかも、そこは、かつて銈介たちが住んでいた蒲田《かまた》だったのです。

銈介は水を得た魚のように、急速に仕事を発展させていきました。

一九五五年、六十歳《さい》になり、有限会社「芹沢染紙研究所」を設立、手仕事による美しい日用品を大量に生産し、広く普及《ふきゅう》させます。柳宗悦《やなぎむねよし》が提唱した民藝運動《みんげい》を実践《じっせん》した組織でもありました。

その後、島根県で個展を開催《かいさい》し、以後のれんを多作します。型絵染めの仕事が評価され て、一九五六年に、「型絵染《かたえぞめ》」で重要無形文化財保持者（人間国宝）に認定されました。

一九五八年、沖縄《おきなわ》で「芹沢銈介染色作品展」を開催しました。沖縄での展覧会に作品を出品したのは、これで二回目です。この展覧会で、伝統的な沖縄の紅型《びんがた》をさらに発展させた新しい型絵染めを展示しました。模様も色使いも洗練された銈介の作品は、多くの人に歓迎《かんげい》されました。また、新聞小説の挿絵《さしえ》を依頼《いらい》されるなど、多忙《たぼう》を極《きわ》めながらも、充実《じゅうじつ》した日々を送ります。

美しいものへのあこがれは次々とわき上がり、銈介は思うぞんぶん紙や布に染め上げていきました。制作の方法に迷いはありません。思い浮《う》かぶ模様を、もっともふさわしい表現方法で染めていくだけです。どんなにからだが疲《つか》れても、精神に衰《おとろ》えを感じたことはありませんでした。

このころになると、染色《せんしょく》志望の入門者はますますふえてきました。装幀《そうてい》の仕事もたくさんやりましたが、特に、柳《やなぎ》の著書の装幀には心がおどりました。出来上がった著書を手にした柳から、

「いいですね」

と、声をかけられたときのうれしさは、何物にもまさりました。

柳に、「この色が」「この線が」「この形が」と、細部にわたって指摘《してき》されることのひとつが、明日の銈介をつくる指標になっていました。

一九六一年四月二十九日のことです。柳が倒《たお》れたとの連絡《れんらく》が入りました。

病気知らずといわれていた柳ですが、実は一九四四年の十二月に入院したことがあり、以来、時おり入院していたのです。それでも、創作意欲は尽《つ》きることなく、次々に著書を刊行していました。

人々の祈《いの》りもむなしく、五月三日、柳は七十二年の生涯《しょうがい》を閉じました。銈介、六十六歳《さい》の春のことです。

鉎介の悲しみは想像を絶《ぜっ》するものでした。大きな支柱を失って、身も心もくずれていきそうになります。柳《やなぎ》と出会って三十四年の間、つねに柳の評価をたよりに努力してきた鉎介にとって、世界の一部がなくなるかのような不安と悲しみがおそってきました。

柳の葬儀《そうぎ》は日本民藝館《みんげいかん》で執《と》り行われると決まり、祭壇《さいだん》は鉎介の指揮でしつらえることになりました。柳が愛用した品々をもちいてととのえられた祭壇の清楚《せいそ》な美しさは、参列者に強い感銘《かんめい》をあたえました。

柳の死後、追悼文《ついとうぶん》や回想文などがさまざまな形で発表されましたが、鉎介はいっさいどこにも自分の気持ちを表現しませんでした。柳との思い出は、言葉に表すことができるようなものではなかったのです。

後年、自筆で自分の「年譜《ねんぷ》」を書く機会があり、その年に欄《らん》に「柳宗悦《やなぎむねよし》師逝去《せいきょ》、悲痛深甚《しんじん》」と記しました。柳の死に関して心の内を述べたのは、この「悲痛深甚」の四文字だけでした。

柳は生前、自分の死が近いのを感じたのか、日本民藝館の次の館長をだれにするのか、知人に相談しています。彼《かれ》はぜひとも芹沢鉎介に跡《あと》を継《つ》いでほしいとねがっていたそうですが、鉎介は固辞して、民藝館の展覧会のしつらえなどで奉仕《ほうし》しつづけました。

柳《やなぎ》の死後、どれだけの時間が過ぎても、銈介の胸にできた大きな空洞《くうどう》はそのままです。時に、楽しい出来事に声を上げて笑ったり、うれしい出来事に喜んだりはしますが、ぽっかり空いた穴がふさがることはありませんでした。自分は一生、この穴を感じながら生きていくのだろうかと、不安におそわれたりもしましたが、空洞が埋《う》まって師を忘れるよりも、空洞とともに師と歩んでいくほうがずっといいと気づいたとき、目の前にほのかな明かりがともりました。

悲しみの先に希望が見えたのです。

その後も仕事の依頼《いらい》は絶えることがなくて、七十歳《さい》を迎《むか》えるころになると、経済的にもかなり余裕《よゆう》が出てきました。長年の夢だったヨーロッパ旅行も実現しました。思うぞんぶん異国の文化に浸《ひた》りながら、手仕事の美しい作品をたくさん収集しました。品々を選ぶとき、銈介はつねに心の中で柳に「これはどうでしょう」と問いかけます。こうした海外での収集は六千点近くになりました。

国内外とも銈介の収集品は、彼の強い個性を反映するものばかりで、「もうひとつの創造」とよばれるようになりました。

収集品がふえると、それらをモチーフにした作品の制作がはじまり、屏風《びょうぶ》、のれん、帯地、絵本などにも収集品が登場するようになります。特に屏風《びょうぶ》に使われることが多く、中でも「沖縄《おきなわ》みやげ二曲屏風」「棚《たな》の上の静物」などは有名です。

一九六五年には沖縄で三回目の展覧会「萠木会染織展《もえぎかい》」が開催《かいさい》されました。銈介を加えた十二名による展覧会で、活用の多様性がテーマになっていました。作品の用途《ようと》を考えたものや多種多様のデザインを提示したものの中に、化学染料の効果的な使い方なども作品を通して表現されていました。

八十一歳《さい》の冬にはパリでも展覧会が開催されるなど、活躍《かつやく》の場は広がる一方です。大胆《だいたん》な構図で、特に色彩《しきさい》の調和がすぐれていた銈介の型染めの作品は、パリでも人々の関心を集めました。

一九八三年四月十九日、よき理解者だった妻のたよが逝去《せいきょ》。このころから銈介は元気をなくし、八月に自宅で倒《たお》れてしまいます。入院後、右手の自由がきかなくなりましたが、左手に筆を結びつけて、絵や文字を描《か》きつづけました。退院後、朝日新聞に載《の》っていた歌人中村三郎《なかむらさぶろう》の短歌を読んでぜひとも書にしたいと思い、あおむけのまま棒の先にゆわえつけた筆で文字を書きました。

「降る雪の音こそなけれ澄《す》み入りて　かすかに光るいのちなりけり」

この短歌には、鉎介の心境に通じるものがあったのかもしれません。

翌年の二月に再び入院しましたが、やはり、左手に筆をもって絵を描《か》いたりしました。そして、四月五日、鉎介に死の時が訪れます。心不全でした。享年《きょうねん》八十八。

紅型《びんがた》は、時間をかけてていねいに手で染めていきますのでとても高価な染め物になります。鉎介は手仕事だけで仕上げる染め物も制作しつづけましたが、同時に、民藝《みんげい》運動の精神を受け継《つ》いで、一般《いっぱん》の人々が日常的に使える品をも作りたいと思いました。手ごろな値段で入手できるのがたいせつな条件となります。鉎介が手がける紅型は、独自に切りひらいた型絵染めとなって、印刷によって量産できる新たな染め物としても発展していきました。

鉎介が残した膨大《ぼうだい》な数の作品は、どれもが美しい色彩《しきさい》に染め上げられ、簡潔なデザインでありながら含蓄《がんちく》に富む内容を表現しています。文字を絵にしたり、身近な道具や草花を素材にしたりしたものが多くあり、見る人に親しみやすさをあたえます。今も性別や年齢《ねんれい》を問わず、多くの人に愛され、愛用されています。

鉎介の作品は、色も形も洗練されていて、どれもがすっきりしていました。おしゃれで寡黙《かもく》な鉎介にふさわしい作品だったのです。

あとがき

紅型《びんがた》は沖縄《おきなわ》の歴史そのもの

床《ゆか》に大風呂敷《おおぶろしき》を広げて、思い出深い布製品を並べてみました。着物、羽織、帯、大小の袋類《ふくろるい》などです。これらはすべて、祖母が染めたり織ったりした紬《つむぎ》です。祖母は私が幼い時に他界しており、母は折にふれて布を作っていたときの祖母を話題にしたものです。布の背後には作り手の深い思いがあると知ったきっかけでした。

長じて物を書く仕事をするようになると、好んで布を素材にしてきました。

この度は「次は紅型ですね」という編集者の言葉に誘《さそ》われて、なんとなく特殊《とくしゅ》な染め物ぐらいの認識しかなかったにもかかわらず、数冊の紅型写真集を見ただけでいきなり引き寄せられてしまいました。鮮《あざ》やかな色彩《しきさい》といい、大胆《だいたん》な構図といい、見る者をたちどころに魅了《みりょう》してしまう紅型は、圧倒的《あっとうてき》な存在感とともに、染料に顔料を使うなど、まさしく特《とく》殊《しゅ》な染め物でした。

紅型の完成に要した壮大《そうだい》な時間の流れは沖縄の歴史そのものであり、紅型が表現する世界は沖縄の風土や文化そのものでした。もっと紅型を識《し》りたいと思うほどに、歴史に深く関わっていくことになりました。特に沖縄《おきなわ》戦でなにもかもを失って途絶《とだ》えるかに見えた紅型は、作り手や支援者《しえんしゃ》の熱い願いのもとに奇跡《きせき》的によみがえります。絶望的な状況でも希望の火種を育てつづけた人々の生きざまには心打たれます。

紅型《びんがた》に深く関わった人々の中でも、鎌倉芳太郎《かまくらよしたろう》、城間栄喜《しろまえいき》、芹沢銈介《せりざわけいすけ》の三人の功績は特記すべきものでした。別の章を設けて、彼《かれ》らについてふれることができたのは幸いでした。三人の紅型への思いや行動をつづりながら、何度となく心が震《ふる》えるような感動を実感し、今さらながら、人はなんと偉大《いだい》なことかと感じ入ったものです。

手探《てさぐ》りではじめた紅型の取材は、本土に住む者にとってはかなりたいへんでした。紅型の工房《こうぼう》は容易に見つけられず、書籍《しょせき》で得られる知識だけではどうにもなりません。折よく知りあった紅型作家の篠野美智子《ささのみちこ》さんには、具体的にいろいろお教えいただきました。藤《ふじ》崎康夫《さきやすお》さんには貴重な写真を提供していただき、城間栄順《しろまえいじゅん》さんと栄市《えいいち》さん父子の紅型工房では取材にご協力いただきました。そして、那覇市《なはし》歴史博物館学芸員の山田葉子《やまだようこ》さんには本文を監修《かんしゅう》していただきました。みなさまに心よりお礼申し上げます。

紅型を手がけたいと思ったとき、手法はノンフィクションだと感じていました。はじめてのノンフィクションなのに、なんの構えもなく自然に書き進めていきました。心情は大海に漕《こ》ぎ出る小舟《こぶね》のようでしたが、進むごとに少しずつ様々なことが見えてきて、たえず心躍《おど》らせていました。怖《こわ》い物知らずのまま最後まで書きされたのは、なんとも幸せなことでした。ところが、編集の作業がいかに煩雑《はんざつ》で膨大《ぼうだい》であるかを、その後に知りました。編集者の長谷《はせ》総明《そうめい》さんには感謝の言葉しかありません。そして、今回も中島《なかじま》かほるさんが装《そう》幀《てい》をして下さいました。初体験のノンフィクションが、このように素敵《すてき》な姿で完成できたのは、おふたりのお力添《ぞ》えがあったからこそです。感謝申し上げます。

最後に、鎌倉芳太郎《かまくらよしたろう》に関しては、與那原恵《よなはらけい》著『首里城《しゅりじょう》への坂道』（中央公論新社）を参考にさせて頂くことが多かったことを記し、感謝の意を表します。

沖縄《おきなわ》の美しい紅型が、多くの人々の関心を得られますように。また、今後も伝統を守りつつ大いに発展していきますように。沖縄の歴史に思いを馳《は》せながら、新たな紅型との出《で》逢《あ》いを楽しみにしております。

ここまで書いてペンをおこうとしたとき、首里城炎上《えんじょう》のニュースが入ってきました。なんとも痛ましく、無念でなりません。再建を祈《いの》るばかりです。

二〇一九年十月三十一日

中川なをみ

【参考にした主な文献及び資料】（順不同）

『柳宗悦と芹沢銈介』（静岡県立美術館）
『染色の挑戦　芹沢銈介』（別冊『太陽』平凡社）
『芹沢銈介の静岡時代』（静岡新聞社）
『芹沢銈介　人と仕事』（朝日新聞社）
『首里城への坂道』與那原恵（中央公論新社）
『沖縄の心を染める』（藤崎康夫／くもん出版）
『沖縄染色大国へ』（與那嶺一子／新潮社）
『琉球の染めと織り』（児玉絵里子／河出書房新社）
『琉球独立論』（松原泰勝／バジリコ）
『沖縄の歴史と文化』（外間守善／中公公論社）
『沖縄 まるごと大百科 沖縄の歴史』（ポプラ社）
『花咲く布琉球紅型』（城間栄喜／日本放送出版協会）
『沖縄紅型』（城間栄喜／京都書院）
『琉球びんがた 一染』（屋富祖幸子／一染）
『琉球紅型』（児玉絵里子／ＡＤＰ）
『色紀行』（吉岡幸雄／清流出版）
『日本の伝統染織事典』（中江克己／東京堂出版）

解説

那覇市歴史博物館学芸員　山田葉子

紅型《びんがた》は琉球《りゅうきゅう》で発達した染色《せんしょく》技法である。技法には型付《かたづ》け（カタチキ・型染めともいう）と糊引《のりび》き（ヌイビチ・筒描《つつが》きともいう）の二種類があり、型付けは渋紙《しぶがみ》で作られた型紙を用いて布地に糊を定着させて防染し、顔料と染料を使用して染色する。ほそい線や細かい表現が可能なことから、主に衣裳《いしょう》を染色する際に使用される技法である。糊引きは三角錐状《さんかくすいじょう》の布袋《ぬのぶくろ》に糊を入れ、布地に絞《しぼ》り出して防染し、顔料と染料で染色する。型染めに比べて糊の線が太くなるため、風呂敷《ふろしき》や舞台幕《ぶたいまく》などの大型の染色品に使用される技法である。

琉球で紅型がいつから作られていたのかは、残された資料が少なく不明な部分が多いが、統一王権が誕生した十五世紀頃《ごろ》からなにがしかの染色品が作られるようになったのではないかと考えられている。ただし、初期は手描きや、型紙を使用して直接染料を布地に摺《す》りこむ手法、中国の印金《いんきん》のように型紙で糊を置いて金箔《きんぱく》を布地に貼《は》り付ける手法などであったとみられ、現在の紅型のような、型紙と糊によって防染し、顔料と染料を使用する染色技法が確立したのは十七世紀後半から十八世紀前半であると考えられている。

現在では「紅型」という呼称が一般的《いっぱんてき》だが、これは昭和初期に鎌倉芳太郎《かまくらよしたろう》が提唱したことで広まった呼び名である。琉球《りゅうきゅう》の職人たちの間では「カタチキ」と呼ぶことが多く、王国時代の古文書は「形付」「型付」「型附」等と表記されている。これらの表記が文献《ぶんけん》上に見られるようになるのは十七世紀末のことである。

紅型《びんがた》はその華《はな》やかな色彩《しきさい》に大きな特徴《とくちょう》がある。明るい原色がぶつかりあうことなく美しく調和し、太陽の下に咲《さ》く南国の花のような気品と生命力があふれている。

これらの色彩は、顔料と染料《せんりょう》から作られている。顔料は鉱物を原料とする不透明《ふとうめい》な色材で、染料は植物を原料とする透明の色材である。文様部分の差し色は主に顔料が使用され、黄、赤、朱《しゅ》、緋色《ひいろ》、紫《むらさき》、水色、青、紺《こん》、若葉、茶、灰色、黒などの中から通常七〜八色が使用されている。背景となる地色は、染料、または染料と顔料を併用《へいよう》して染められている。紅型に使用される顔料や染料の原材料の多くは琉球では産出しないものであり、中国や東南アジアからの輸入品を使用していた。これらの色の中では、黄色が最も格が高いものとされ、黄色地（チールジー）の衣裳《いしょう》は王家の人々以外には着用が許されなかったと言われている。

紅型の文様は、日本的な文様と中国的な文様に大別することができる。日本的な文様は松竹梅や桜、菖蒲《しょうぶ》といった植物文様や、雲、雪といった自然文様などがある。多くが花鳥風月を基本とする文様で、これらの文様は日本から琉球へもたらされた染色品や絵画を手本にしたとされ、江戸中期から発達した友禅染《ゆうぜんぞめ》と類似する文様も多く見られる。なお植物や自然文様の多くが琉球にはない自然物であり、ハイビスカスや熱帯魚などの身近な自然が紅型に取り入れられたのは第二次世界大戦後のことである。

一方で中国的な文様は、鳳凰《ほうおう》、龍《りゅう》、瑞雲《ずいうん》、蝙蝠《こうもり》、蓬莱山《ほうらいさん》といったものがあり、どれも中国由来の吉祥紋様《きっしょうもんよう》である。こうした中国的な文様がみられるのは王家の衣裳《いしょう》に限られている。特にこの中でも、琉球《りゅうきゅう》において龍と鳳凰は王権を象徴《しょうちょう》する特別な意味を持っている。かつて琉球国王が公式行事の際身につけた王衣裳には、龍をはじめとする多くの中国由来の吉祥紋がちりばめられている。また、鳳凰は古くから王の偉業《いぎょう》を表す石碑《せきひ》や神女の扇《おうぎ》などに太陽とともに使用されている文様である。その文様を身に着けることが出来るのは王家の人々に限られていたのである。

紅型《びんがた》には、また両面染めという技法がある。両面染めとは、単《ひとえ》の衣裳に使用される技法で、布地の表面と裏面の同じ位置に同じ柄《がら》が配置されるように染めるが、外から見える袖《そで》や衽《えり》の部分だけではなく、着用すると全く見えなくなる身頃《みごろ》まですべてが両面染められている。両面染めの目的は解明されていないが、表側の色彩《しきさい》をより鮮《あざ》やかに見せるためではないかとも言われている。那《な》覇《は》市《し》歴史博物館が所蔵する尚王家《しょうおうけ》伝来の紅型衣裳は、単衣裳はすべて両面染めで染められている。また本文では触《ふ》れられなかったが、使用される布地も絹《きぬ》、苧麻《ちょま》、木綿《もめん》、芭蕉《ばしょう》と琉球で作られる素材すべて網羅《もうら》している。琉球は、その歴史の中で様々な周辺諸国の文化を取り入れ、自国の文化へと昇華《しょうか》させていった。紅型もその歴史の一部と言えるのである。

中川なをみ

山梨県生まれ。『水底の棺』（日本児童文学者協会賞受賞）、『天游』『龍の腹』（以上くもん出版）、『有松の庄九郎』『ユキとトヨンホ』(以上新日本出版社)、『茶畑のジャヤ』(鈴木出版)『ひかり舞う』(ポプラ社)など歴史読み物を多く手がける。一般書に『晴れ着のゆくえ』（文化出版局）。本書は、初めてのノンフィクション作品。大阪府在住。

よみがえった奇跡の紅型

2019年11月30日　初版発行

著者　中川なをみ
編集　Somei Editorial Studio
装幀　中島かほる
発行者　山浦真一
発行所　あすなろ書房
〒162-0041 東京都新宿区早稲田鶴巻町551-4
電話 03-3203-3350(代表)
印刷所　佐久印刷所
製本所　ナショナル製本

ISBN978-4-7515-2943-0 NDC916 Printed in Japan